朝日新書
Asahi Shinsho 931

発達「障害」でなくなる日

朝日新聞取材班

朝日新聞出版

まえがき

「発達障害」と聞いたとき、何をイメージしますか。

遅刻が多い、忘れ物が多い、こだわりが強い、衝動的、空気が読めない、話が通じない……。俗に言う「ちょっと困った人」という人物像が思い浮かぶでしょうか。

あるいは、独創的、活動的、アイデアが豊富、特定の分野に秀でている。そんな「すごい人」のイメージが湧くでしょうか。

これらはどちらも、発達障害の特性を表しています。その同じ特性が「困った」になるのか、「すごい」になるのか。それらを決めているモノは何なのか。その疑問が、私たちの取材の出発点でした。

結婚をして子育てをしている女性たちの発達障害が、見過ごされているのではないか。初めてそのテーマに向き合ったのは、2021年の秋のことです。科学医療部（現・くらし報道部）の医療担当だった記者とデスクの3人で取材をはじめてみると、それは事実であるだけでなく、実は女性の方が男性よりも「困り度」が強い、ということがデータで裏付けられていることに衝撃を受けました。

発達障害は、個人の特性の問題だと私たち自身も思っていました。でも、どうやらそれだけではないらしい。実際に当事者に会って話を聞いてみるとみな、「周囲との関係性」で困っていることがわかってきたのです。

発達障害には、大きく分けて、注意欠如・多動症（ADHD）と、自閉スペクトラム症（ASD）、学習障害（LD、または限局性学習症SLD）の3つがあります。詳しくは本編にゆずりますが、いずれも生まれつき脳の機能に偏りがあることで、さまざまな症状が出ます。ただ、アメリカの精神医学会による精神疾患の診断基準「DSM－5」をあらためて読むと、診断基準には、症状があることに加えて「症状によって、日常生活などに明らかな障害を引き起こしていること」という条件が明記されています。つまり、特性があるだけでは疾患にはならず、周囲との関係性のなかではじめて、発達障害は「障害」になる——のです。

それならば、どうしたら発達障害の特性が、生きる上で「障害」にならずにすむのだろうか。この本ではその答えを、読者のみなさんと一緒に探したいと思っています。

第1章では、ＡＤＨＤの女性たちの苦悩を紹介します。部屋の片付けが苦手だったり、うっかりミスが多かったり、段取りを組むのが苦手だったりしても、大学卒業まではなんとかやってきたという女性たち。ところが、結婚や出産を機に、人生に大きくつまずいてしまいます。背景にある、「家事や育児は女性たちがするもの」という社会通念が、彼女たちを苦しめていました。

第2章では、「とはいえ、振り回される家族も大変なんだ」という視点を紹介します。配偶者やパートナーにＡＳＤの特性があり、日常会話が成り立たずに家族が疲弊している状態を「カサンドラ症候群」と呼びます。この章では、カサンドラ症候群に陥った家族の苦悩を紹介します。

でも、どんなに振り回されても、ともに生きることを選ぶ家族もいます。その根底にあるものは何かを考えます。

第3章では、発達障害の特性がある人の周りにある「環境」に焦点を当てました。本人に変化を求めるのではなく、環境を整えていくことで、困りごとを減らすことができるのではないか。そんな視点から、小学生、中学生、大学生、社会人の体験を紹介し、環境の整え方を考えます。発達障害がある子どもへの対応を親が学ぶ「ペアレント・トレーニング」や、明確な診断がないまま大人になり、大学でつまずいた人をサポートする取り組み、障害を抱えながら就職先を探すときの支援体制などの情報も盛り込んでいます。

第4章では、発達障害のある人が、社会に出て働く場面で直面する問題を考えます。発達障害にかぎらず、障害がある人は働く際に、個別の事情に応じて「合理的配慮」を事業者に求めることができます。2016年に施行された、改正障害者雇用促進法という法律に定められているのです。ところが、外見からはわかりづらく、困りごとも多種多様な発達障害の場合、困りごとがなかなか理解されずにトラブルになるケースが後を絶ちません。「合理的配慮」が法律で定められた経緯をひもときながら、発達障害の人も、いっしょに働く人も気持ちよく仕事ができ、それぞれの能力を発揮できるようにするにはどうしたらよいのかを考えます。

この本では、10人の当事者たちとその家族の体験談を紹介しています。つらく、大変な時間をどのように越えて、それぞれの生き方を見つけていったのか。十人十色のその軌跡が、今同じように悩んでいる方々のヒントになれば、幸いです。

巻末には、発達障害を公表している、ニトリホールディングス会長の似鳥昭雄さんのインタビューも収録しました。小学4年生になっても自分の名前を漢字で書けなかったという似鳥さんですが、一代で日本を代表する企業を築き「発達障害でよかった」と話しています。

人は誰しも何らかの「特性」を持っているものです。人と違うことを卑下することなく、

「発達障害でよかった」「特性があってよかった」といえる日本に、私たちは向かっていけるのでしょうか。

朝日新聞くらし報道部記者　鈴木彩子

凡例

・本書は「朝日新聞デジタル」で連載された、「『できない』女？　ＡＤＨＤ女性の生きづらさ」（２０２２年４月２日～４月10日）、「『ツレ』が発達障害　ふりまわされる、でも愛している」（２０２２年11月１日～11月17日）、「発達『障害』でなくなる日」（２０２３年４月24日～４月27日）、「発達障害は『わがまま』？　働く場の合理的配慮」（２０２３年６月６日～６月11日）などに加筆修正をおこない再構成したものである。

・登場人物の肩書、年齢などは原則として取材当時のものである。

・本文の写真・図版はとくに断りのない場合、朝日新聞社提供。

発達「障害」でなくなる日　目次

第3章　発達「障害」でなくなる日　113

第4章　合理的配慮とは——企業の現状と課題　175

第1章

私は「できない」女?

——ADHD女性の生きづらさ

発達障害の診断基準には、周囲との関係のなかで障害が引き起こされていること、という項目がある。発達障害は、就職や結婚、出産など、ライフステージが大きく動くときに「障害」が顕著になりやすい。

第1章ではまず、ライフステージによって期待される「役目」と特性の間で悩み、大人になってから困難の度合いが増して診断に至った女性たちの苦悩を紹介する。

1　私は「人間失格？」

母のようになりたくなかった

誰にも見せられない、見られたくない。家は、恥部だった。

ダイニングテーブルは半分以上が「物」で埋もれ、食事のできるスペースがほとんどない。

部屋からあふれ出した本が廊下にも積み上がり、カニ歩きをしないと通れない。ソファには洗濯した服と、脱いだ服が地層のように積み重なり、においをかぎ分けて着る。

「主婦なのに、母親なのに、片付けられない。自分は生きている資格がないと、死にたくてしかたがありませんでした」

注意欠如・多動症（ADHD）に特化した片付けコンサルティング「AUBE」を主催する西原三葉（にしはらみわ）さん（51）はそう振り返る。

小さな頃から、劣等感のかたまりだった。

両親は居酒屋を営んでおり、いつも夜中まで留守だった。朝になると、知らない大人が家で寝ていることもあった。

母は育児や家事にまったく関心がなく、褒めてくれたことも助けてくれたこともなかった。4歳年上の姉は寂しさから15歳で家を出て、16歳でシングルマザーになった。

いつも「社会のはみだしもの」のような気がして、母や姉のようにはなりたくなかった。後ろ指をさされないように、「きちんとしなきゃ」「女の子として間違いを起こしてはいけない」と自分に言い聞かせてきた。

片付けができるようになってからも、リバウンドを繰り返した。かつてはこの何倍も、物があふれていた。写真＝西原三葉さん提供

それでも、学校では忘れ物が多く、先生によく怒られた。

高校生になってアルバイトを始めると、レジ打ちの数字が合わなかったり、注文を覚えられなかったり。逃げるように辞めることの繰り返しだった。

「私ってダメだな……」

心の中でいつも、自分を責めていた。

入社1年目、うつ状態に

短大を卒業して、食品メーカーに就職した。

「いずれ、商品開発に携われたらいいな」と希望を抱いていたが、配属されたのは総務部の給与計算係だった。

数字の打ち込みや計算、同僚との読み合わせ。一生懸命取り組んでいるはずなのに、見落としや聞きもらしが多く、何度やっても数字が合わない。

受付業務を担当することもあったが、来客の名前や訪問先が覚えられず、何度も聞き返しては怒られた。

「私がいない方が、職場がうまく回るんじゃないかな」

そう思うとつらく、入社1年目にうつ状態になった。

上司に促され、会社の産業医に相談すると「君は甘えているだけだね」「努力が足りない」と、一刀両断された。

「ああ、やっぱり私ってダメなんだ……」

耐えかねて1年で仕事を辞め、家にも会社にも居場所がなくなった。

「結婚しかない」と意を決し、会社の支店のアルバイトだった男性と結婚した。

今度こそ、主婦として妻として母として、完璧に生きよう。

モデルルームのようなきれいな家と、愛情あふれる家庭をつくろう。

でも、理想通りになんてできなかった。


ワンオペ育児と宇宙人、部屋は荒れていき……


夫は天真爛漫で、裏表のない人だったが、どこか言葉が通じない、宇宙人のようなところがあった。

切迫流産で絶対安静でも、「ごはん、まだ?」「なんでつくってくれないの?」と言ってきた。

たてつづけに3人の子どもに恵まれたが、夫は子どもと遊ぶだけで、その他の育児には関心がない。完全にワンオペ状態になった。

こちらが40度の熱でフラフラでも、食卓では「いつも太陽のように笑顔のママ」を求め、自分の話ばかりした。

その上、思い通りにならないと怒り出す。

気分を損ねないように、いつもびくびくして過ごした。

夫が独断で買ってきた、分不相応の一戸建てのローン返済もあり、30歳ごろから出版社で営業の仕事を始めた。

新聞配達などのアルバイトも掛け持ちし、早朝も土日も働いた。


ただでさえ片付けが苦手だった家は、どんどん荒れていった。

後で読もうと思ったダイレクトメール、仕事の書類、子どもの学校のプリント、脱いだ服、靴下、たたむのがおっくうでソファに積んだ洗濯物、カバン、買ってきてポンとその辺に置き、忘れてしまった物たち……。

「こんなはずじゃなかったのに」

足の踏み場もない部屋を見るたびに、気がめいった。

「なんで片付いていないの」と夫に言われると、「もう人間失格だ、死にたい」と落ち込んだ。

でも、片付けようと思うと頭と体がフリーズして動けなくなる。なぜか、今やらなくてもいい別のことをやり始めてしまう。


夫との関係は悪化の一途をたどった。実家との確執も追い打ちをかけ、キッチンで酒を飲まないと、笑顔で食卓につけなくなった。

首に縄をかけて死のうと何度も思った。でも、子どもたちを残して死ねないと、思いとどまった。

飛び散るゴキブリ「私、変わらなきゃ」

40歳のころ、うつ病のために通院していたメンタルクリニックで、何げなく片付けられないことを相談した。

それがきっかけで、ＡＤＨＤと診断された。

脳の機能に問題があるために、注意力が散漫だったり、不注意だったりするという。

「私の片付けられなさには、理由があったんだ」と知り、ホッとした。

でも、診断がおりたからといって、家が片付くわけでも、夫との関係が改善するわけでもない。

子どもたちの就職のめどがたったことを機に、夫には家を出て行ってもらった。20年余り耐えた結婚生活に、終止符を打った。


転機は、それから数年たった２０１６年の夏に訪れた。

台所の米びつに、大きなゴキブリが毎日わくようになった。

「何でだろう」

調べると、粗大ごみの申し込みを先延ばしにしているうちに出しそびれ、２年もベランダに放置しておいた机が原因だった。

朽ちている板をはぐと、「となりのトトロ」のマックロクロスケのように、ざーっと、ゴキブリが散った。

「私、変わらなきゃ。絶対、変わらなきゃ」

一念発起をして家を片付けることにした。

ちょうどそのころ、娘が家から巣立つことになり、1人分の「物」がなくなった。物が減ると、気持ちがラクになる感じがした。

近所で開かれていた、ADHD当事者の交流会にも参加した。

そこで初めて、「自分と同じような人たち」に出会った。

「一人じゃなかったんだ」

翌年、ADHDの人のための認知行動療法のグループワークに参加した。

ゴキブリ事件の後、意を決して掃除した自宅の写真をメンバーに見せると、「こんなにきれいにできたの、すごいね」と言ってもらえた。

掃除をしたことを褒めてもらうなんて、生まれて初めての経験だった。

「1カ月後も、この状態を保つように努力します」と宣言した。

メンバーが褒めてくれるのがうれしくて、1カ月間、「床と机に物がない生活」を続けることができた。


根拠もないのに悲観的な結論に飛躍してしまう「考え方のクセ」も見直した。

気の進まないことを先延ばししがちな特性を知り、「朝、15分だけ」「終わったらご褒美においしいお茶を飲む」など、嫌なことでも取り組めるコツも取り入れた。

片付いた部屋で飲むお茶はおいしかった。片付けの先にある心地よさが、楽しみに変わった。


助けがなければ……「それなら私が」


仲間がいたから、がんばれた。

そのとき、ふと思った。自分と同じように、片付けられずに苦しんでいる人って、いっぱいいるんじゃないかな。

でも、助けてくれる人がいないよね。助けがないと、片付けられないよね……。

かつては自分もそうだった。一人ではどうにも解決できないのに、「こんな家、見せられない」と思い、誰にも相談できなかった。

「それなら、私がやろう」

やると決めたら、一直線だった。

ライフオーガナイザーと整理収納アドバイザーの資格をとり、産業カウンセラーの資格の勉強も始めた。

18年間続けた出版社の営業職をやめ、ADHDであることを公表し、家事代行サービスに登録した。

すると、依頼が殺到した。

3年間で800件近い家を片付けてきた。依頼者の多くが、ADHDの特性があったり、心に問題を抱えていたりすると感じる。

心が追いつめられて体が動かない状況なのに、夫から「家を片付けろ」と迫られている女性。

「主婦がするべき家事に、お金を払って助けてもらうこと」をためらう女性。

訪問すると、みな口をそろえて「ごめんなさい、片付けられなかった」と言う。

謝る必要も、片付けておく必要もないのに、「こんなに汚い部屋を人に見せられない」と思ってしまう。まるで裸をさらけ出すようにつらいというその気持ちが、痛いほど分かった。


「捨てたくなければ、無理に捨てなくていいですよ」

「しまうのが苦手なら、床に置いた段ボール箱に放り込むだけでいいんですよ」

それぞれの特性に寄り添い、思いを聞き、共に涙を流しながら片付けている。

目指すのは、モデルルームのように完璧な部屋ではなく、その人にとって生活や心が「今よりもラクになる部屋」だ。

「誰かに助けを求めることは、悪いことじゃない」

年に数回、ＡＤＨＤの女性たちのための片付けの講習会も開いている。

「脳の機能の障害なので、努力や気合だけで変われるものじゃないんです」

「魔法のような片付け方法はない。でも、希望はあります」

「誰かに助けを求めることは、悪いことじゃないんですよ」

こんな自分でも「ありがとう」と言ってくれる人がいる。「あなたのような人に来て欲しかった」と言ってもらえる。

それが何よりの励みだ。

誰かの役に立つことで、過去のダメな自分が癒やされていると感じている。

発達障害とは

そもそも発達障害とはどんな障害なのか。

発達障害は、生まれつき脳の働きに偏りがある障害で、注意欠如・多動症（ＡＤＨＤ）や自閉スペクトラム症（ＡＳＤ）、学習障害（ＬＤ）などがある。

症状は多様だ。ＡＤＨＤの人は忘れっぽかったり、落ち着きがなかったり、衝動的に行動したりする。ＡＳＤの人は、相手の気持ちを読み取ることが苦手だったり、こだわりが強かったりする。以前は知能や言語に遅れのないＡＳＤの人を「アスペルガー症候群」と呼んでいたが、今はＡＳＤに含まれる。ＬＤは、読み書きや計算が苦手だ。こうした症状が学校や職場、日常生活などにおいて障害を引き起こしているなどの基準を満たすと、発達障害と診断される。

文部科学省の２０２２年の調査では、通常学級に通う小中学生の８・８％に発達障害の可能性があると推計された。６・５％が学習面に、４・０％が不注意や多動性、１・７％が対人関係に問題があり、いずれも女子より男子の方が多かった。

大人の発達障害については、世界保健機関（ＷＨＯ）の調査結果を用いた研究で、ＡＤＨＤがある大人は３％ほどと報告されている。所得の高い国のほうが多い傾向にある。ＡＳＤについては、米国で大人の２％ほどにみられるとの報告がある。

子どもの頃はそれなりにやり過ごせても、遅刻やうっかりミスが多い、優先順位がつけられない、周囲とうまく人間関係を築けないなどの特性が、働く上でつまずくきっかけになる人もいる。

次は、職場と結婚で失敗がつづいた、女性の物語だ。

2 「お前はくず」結婚は地獄の一丁目

「ノロマ。くず。変な人」……小さい頃からいつも言われてきた

「お前はほんとダメ、くずだね」

夫にいつもそう言われる。スーパーの和菓子売り場で「くず餅」を見ると、やるせない思いがこみ上げてくる。

「私、くずじゃないよぉ……」


ノロマ。くず。変な人。

2人の娘を育てる40代の女性は、小さい頃から、いつもそう言われてきた。

学校にはいつも、遅刻寸前に滑り込んだ。

手順を覚えるのが苦手で、いつも誰かの指示を待っていた。

3人きょうだいの長女だが、いつの間にか誰も「お姉ちゃん」と呼んでくれなくなった。できる科目とできない科目の差が激しく、語学は得意だけど数学が苦手。大学はあきらめて、地元の短大に進んだ。


短大を卒業後は、地元のスーパーに就職し、婦人服売り場の担当になった。接客は好きだったが、毎月提出しなければいけない「販売計画書」が苦痛だった。ブラウスやTシャツといった品目ごと、価格帯ごとに、毎月何枚を売り上げる、という目標をまとめなければいけない。おそるおそる提出しても「詰めが甘い」といつも怒られた。上司からは、レジ担当への異動も提案されたが、固辞した。レジなんて、もっと無理だと分かっていた。

26歳のとき、学生時代から遠距離恋愛をしていた夫と結婚して、「寿退社」した。小柄で、切れ長のぱっちり二重の自分に、夫はべたぼれだった。

小柄で、切れ長のぱっちり二重の女性。交際を始めたころ、夫は「かわいい」と言ってくれた

でも、結婚は2人にとって「地獄の一丁目」だった。

「おれの人生を邪魔するな」と夫に言われ……

隠していたわけではないが、一緒に暮らしはじめて、ずぼらな性格が露呈した。

脱いだ服は脱ぎっぱなし。電気はつけっぱなし。片付けは大の苦手。

鍋を火にかけたまま外出したり、アパートの駐車場で車をぶつけたり。

家の鍵はいつもどこかにいってしまい、出かける前に1時間くらい捜し回る。

夫とおそろいで買ったティファニーの結婚指輪も、いつの間にかどこかにいってしまった。

家賃の引き落とし日を忘れることも、しょっちゅうだった。

結婚3年目、1人目の子どもを妊娠中に、フルーツジュースを作ったフードプロセッサーを洗い忘れて、1週間ほど放置したことがあった。

それから、夫の風当たりが強くなった。

「おれの人生を邪魔するな」

そう、言われた。

32歳で2人目を出産。夫婦生活はそれっきりになった。今はもう、名前さえも呼んでくれない。

40代で決意、診断はADHD

夫は一流大学の大学院を出た、理系のエリートだ。転職と引っ越しが好きで、今は6軒目の家で暮らす。

家事は「女の仕事」といって、一切手を出さない。

財布のひもは夫がにぎり、月に数回に分けて生活費をもらっている。ことあるごとに

「カネ、入れないぞ」「カネ、減らすぞ」と言うようになった。

今では、子どもたちの前でも暴言を浴びせてくる。

「お前は仕事、さばけないねぇ」「母親としてダメね」「くずだね」……。

40代になって、子どもたちのためにも、さすがにきちんとしなければと思うようになった。

4年ほど前に精神科を受診し、ＡＤＨＤ（注意欠如・多動症）と診断された。自分のできなさには理由があったんだ。そうわかって、ホッとした。私、ただの「変な人」じゃなかったんだ。

でも夫は「そんなの認めない」「医者なんて意味が無い」の一点張りだった。

歴史上の偉人や研究者にも、ＡＤＨＤはたくさんいると聞いた。そう聞くたびに、自分の境遇を恨めしく思った。

母子家庭で育った。父親は、事業に失敗して13歳のときに姿を消した。家計が苦しく、県外の大学には行かせてもらえなかった。

母親は中卒。奨学金とか、進学支援制度とか、そういう情報は入ってこなかった。

育った環境を恨んでも仕方がないけれど、若い頃に、自分を生かせるものに巡り合いたかった。

本当は、コピーライターに憧れていた。文章を書くのは今も好きだ。

小さい頃に見た、化粧品会社のＣＭが脳裏に焼き付いている。

「唇よ、熱く君を語れ。」

「いろ、なつ、ぬる、ゆめ、ん」

クリエーティブな仕事に就いて、「へたうまで、いい味出してるよ」と言ってくれる業界にいけたらよかったのに、と思う。

でも、就職活動で受けた編集者の仕事は、全滅だった。

働いても働いても、ミスばかり……

夫は、「おれがためたカネは、お前のためには1円も使わない」と言ってくる。

「専業主婦は罪だ」という考えの持ち主で「働け」と言ってくる。

だから、子どもが幼い頃から、パートタイムの職を転々としてきた。でも、どれも長く続かない。

弁当工場に勤めたときは、サンドイッチのパンにからしバターを塗り、決められた向きにハムとレタスを3枚ずつ並べて、フタをして、カットして……という手順を覚えられず、半年でやめた。

時給の高さにとびついたクレジットカード会社のコールセンターの仕事は、耳で聞いた内容がまったく覚えられなかった。

職場にも、客にも迷惑をかけつづけるので、しのびなくてやめた。

カフェの店員として働いたこともあるが、現金、電子マネー、ポイントカードと、支払い方法が複雑すぎてお手上げだった。

そもそも、女性ばかりの職場は苦手だ。たいがいは、よくできるバイトリーダーがいて、できの悪い女性に厳しい。

でも、「あなたの代わりはいくらでもいる」という職場には、女性が多いように感じる。

いつか「夫の暴言語録100」で文学賞を取りたい

くずだ、ノロマだと言われても、できるだけ笑い飛ばしてきた。でも、本当は悔しくて悔しくてたまらない。

夫から暴言を浴びるたびに、「私に正社員の職があったら」と思う。そうすれば、離婚もできるし、お金で困ることもない。

老後の生活がどうなるのか、まったく見えない。

子どもたちの学校の成績が悪いのも、少しADHDの傾向があるのも、全部自分のせいなんじゃないかと思うと、涙がこみ上げてくる。

消えて無くなりたいという思いと、今は死ねないという思いが、半分ずつ、心の中に同居している。

今はマンションの清掃員として働く。一人作業なので気が楽だ。

午前中に仕事を終え、ハンバーガーショップで一息つく。

スマホで好きなゲームをしたり、かわいい文房具やバレエなど、「目を楽しませてくれる」写真や画像を見たりするのが、ささやかな楽しみだ。

気分をあげたいときは、クレイジーケンバンドの「１１０７」を聴く。

「今日もお前、イイ女」。そう、いつも応援してくれるから。

コピーライターにはなれなかったけれど、文章を書くのは今も好きだ。一日のできごとを「ひと言」に凝縮させて、よりすぐりの言葉で1行日記を書く。

「夫の暴言語録１００」も書きためた。


いつか、これで、文学賞を取りたい。

それが今の、ひそかな夢だ。

＊

ＡＤＨＤ女性を追い詰めるものは何か

行動力があったり、人と違うアイデアがひらめいたり。発達障害の特性が仕事にプラスに働くこともある。それなのに、女性に求められるイメージとの間のギャップに、苦しむ女性もいる。

興味深いデータもある。ADHDと診断された女性の方が、男性に比べるとうつ病になりやすく、離婚経験や非正規雇用で働く割合も高い——。そんな論文が2019年に発表された。

昭和大学附属烏山病院の精神科医・林若穂さんたちのチームは、ADHDと診断された男女計335人について分析した。その結果、女性のおよそ4分の1がうつ病や双極性障害などの精神疾患を併発していて、割合は男性の約2倍。離婚している割合も女性は7・7%で、男性の4・5倍だった。非正規雇用で働いている人の割合も、女性が28・8%と、男性の2倍以上だった。論文では、日本社会は依然として、穏やかで、礼儀正しく、控えめで、気配りができる、そんな「やまとなでしこ」のような姿を女性に期待している風潮があると指摘。その対極にあるADHDの女性は、社会生活を送る中でより困難を抱えている可能性があることを示唆している。

女性たちを苦しめているものは何か。あるべき「妻像」や「母像」を求められた女性たちの体験から考える。

3　モラハラ夫と別れて……

「役立たず」夫から言葉の暴力

「いつになったら、料理はできるようになるのかな」

今から20年ほど前。結婚から1年が過ぎ、女性(46)は当時の夫に詰め寄られた。

段取りを組むのが苦手で、夕食ができあがるのは毎晩夜9時を過ぎた。食材を使い回せず、ジャガイモはすぐに芽が出て、葉物はしなしなになった。

結局、外食ばかりになっていた。

寝室には、実家から引っ越してきたときの段ボールが積まれたままだった。

実家の部屋は、大量の漫画をはじめ、ロックバンドのCDやグッズでベッドが埋まり足の踏み場もなかった。

それよりは、だいぶましなのだけど。

神経質な夫からの言葉の暴力は日に日に強くなった。

夫は公務員で、女性は食品メーカーの店舗勤務。夫はいつも、「給料が違うんだから、家事の負担が多いのは当然」と主張していた。

ただ、何かに熱中しているときに頼まれた用事は、たいてい返事したまま忘れてしまう。頼まれたワイシャツのアイロンがけや、起こす時間を忘れてしまい、夫はそのたびに激高した。

「役立たず」

「俺だから我慢できるんだ」

「もし離婚しても、嫁のもらい手はおらん」

料理上手な上司の妻とも比べられ、「私はダメ人間なんだ」と落ち込んだ。

「モラハラ夫のいる場所には戻れない」

一つのことに集中すると、他のことが留守になるのは、子どもの頃からだった。大学時代は漫画研究会の同人誌作りにのめり込み、自分の卒業式にも遅刻した。「先輩らしいですね」と後輩たちは笑ってくれたが、夫には通用しなかった。夫から暴言を浴びていることは、誰にも相談できなかった。

つらさを紛らわせようと、アルコールに逃げた。

昇任試験の勉強に没頭する夫を横目に、同僚と飲んで帰る日が増えた。昼過ぎになると「今日は何を飲もうかな……」。アルコールに加え、むちゃ食いした後に吐く過食嘔吐(おうと)にも陥った。

ある夜、泥酔して終電を逃した。

夫からの電話を無視し、夜道をとぼとぼ歩いていると、実家の弟から電話がきた。

「今、どこにいる?」

心配した夫が実家に連絡していた。

異変を感じた母や弟に連れ戻され、心療内科で自律神経失調症と診断された。

外に出るのが怖くなり、引きこもった。

「モラハラ夫のいる場所には戻れない」

夫に離婚を申し出ると、夫はなぜか抵抗した。だが決心は揺るがず、短い結婚生活は終わった。

「料理は俺が」再婚相手は最大の理解者だったが……

休職期間が長引き、会社も辞めた。引きこもりから脱出できたのは、友人が誘ってくれたバンドのライブのおかげだった。

少しずつ気力と体力を取り戻し、コールセンターで派遣社員として働けるようになった。

31歳で再婚した。相手はコールセンターに出入りしていた自営業の人だった。

「料理は俺が得意だから」

前の夫とは正反対の、優しい人だった。

ただ、家計のために共働きでいてほしいと言われた。体調は不安定で、派遣勤めは長く続かなかった。

漫画研究会で磨いた腕を生かし、フリーのイラストレーターとして働くことにした。

ところが、順風満帆に思えた2度目の新婚生活に暗雲がたちこめた。

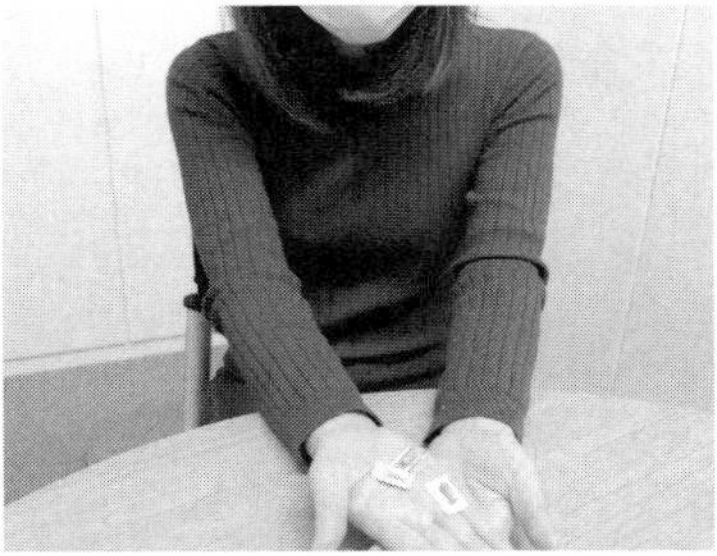

仕事や生活を回していくうえで、薬は欠かせないと思っている

家計のやりくりがきっかけだった。

会社員時代は給料をもらうと、飲食や交際費、自分の趣味でほぼ使い切っていた。

「貯金は?」と聞かれても、「何それ? おいしいの?」ととぼけてきた。

結婚後も、本来は光熱費や食費に回すべきお金を、漫画の購入やオンラインゲームへの課金に投じてしまった。

フリーの気ままさで、仕事は気が向いたときだけ。隣で作業する夫は、日中からゲームに興じる女性の姿を見ていらついた。

結局、賃料の安いアパートに引っ越した。

夫が家計を管理し、月3万円ほどの小遣いをもらう身となった。

間もなく長女を授かった。夫は慣れない育児を助けてくれ、大変だが穏やかな時間が流れた。

育児と介護でパンク「何もしたくない！」

ところが今度は、一人暮らしをしていた母親が認知症と診断された。友人から借金をしたり、勝手に保険を解約したりしていた。

弟は遠方に住んでおり、育児だけでなく、母の介護や、関係各所への連絡といった事務作業が女性の肩にのしかかった。

「なんで私がこんな役目をしなくちゃいけないの」「もう、何もしたくない！」

感情を爆発させると、夫が静かに切り出した。

「一度、病院にいってみない？」

夫は以前から、女性が発達障害ではないかと疑っていた。

たとえば、整骨院のチラシを作る仕事を請け負ったときのことだ。依頼者の意図をくみ取れない様子に、見かねて夫が「通訳」に入った。

家計の管理や仕事の段取りについて改善策を提案しようとすると、全く話がかみ合わない。というか、ほぼ通じなかった。

最後は女性が泣き出して、話し合いは終わる。月に1度はこんな展開となった。

1カ所目の病院では「正常の範囲内」と言われた。だが、3カ月待って受診した人気のクリニックで、正式にADHDと診断された。

「何、それ？」

病名も含めて、女性にとっては青天の霹靂(へきれき)だった。

さっき話していたことを忘れてしまう。話を聞いているようで、聞いていない。考えがまとまらない。先のことを考えるのが苦手。忘れ物が多い――。

ADHDの特徴をあげられると、忘れ物が多いこと以外は、ほとんどあてはまった。

医師からは薬を飲むことを提案された。

「え、薬があるの？」

「飲めばよくなるの？」

診断で開けた世界　そしてひとりに

発達障害と診断されて落ち込むよりも、興味がわいた。

夫は「妻が妻でなくなってしまうのでは」と心配したが、女性は前向きだった。

「私がいままで見てきた景色が皆と違うんだったら、皆が見てきたものを見てみたい」

薬の効果は、徐々に表れた。

「『人の話を聞く』とは、こういうことなのか」

これまでは、複数の作業を同時に求められると、脳や心のシャッターが自動で下りてきて、思考が止まってしまった。

それが、頭の中で次から次へと考えが浮かぶ「脳の多動」がおさまり、自分の感情に自分が振り回されないことに感激した。

客観的に自分を振り返ることができ、視野が広くなったように感じた。

同じ特性を持つ人と集う機会もできて、世界が広がっていった。


でも、こうして世界が変わったことが、きっかけだったのかもしれない。

ある日、自分の境遇が急に不自由に思えてきた。「外の世界に飛び出したい」という衝動を抑えられなくなった。

夫を悪者にして、一方的に離婚を申し出た。5歳になろうとする娘と夫を置いて、住み慣れた家を出た。

せめてもの償いにと、段ボール20箱にもなったバンドのグッズを業者に買い取ってもらった。売上金約10万円を、「娘に」と置いていった。

SNSで知り合った男性のもとに転がり込み、しばらく暮らした。

娘を見守っていくことが今の生きがい

だが2年ほど前、乳がんが見つかったのをきっかけに、地元に戻った。認知症の母親は、弟家族が面倒をみてくれていた。

前夫は「また一緒に暮らそう」と言ってくれた。だが、一人で生活を立て直す道を選んだ。

幸い、小さな広告会社に就職することができた。社長には自身の障害を伝え、薬の力を借りながら何とか働いている。

娘は今年10歳になる。週末にカラオケに行ったり、食事をしたりできる間柄になった。自ら手を離したのに、自分を求めてくれる。そう思うだけで、涙が出る。近くで見守っていくことが、今の生きがいだ。

4　自分の「トリセツ」

「男の3倍働かないと、女は認められない」

ブルドーザー。

大学を卒業後、総合職の営業社員として働いていた女性（48）は、よくそう言われていた。

持って生まれた衝動性は、仕事をする上で大いに役だった。

メールは即レス。思い立ったら企画書を書かずにはいられない。狙ったエリアをひたすら回る。

同期の男性や先輩を差し置き、入社3年目でリーダーを任された。

当時は、女性社員だけがお茶くみやコピー取りをするという時代だった。

「男の人の3倍働かないと、女子は認められないんだ。だったら絶対見返してやる」

平日は仕事に全てのエネルギーを投入した。


だが、その反動は大きかった。

休日は完全に電池が切れ、トイレと食事の時間以外は布団から出られなくなった。

実家暮らしだったので、すべての家事は母親任せだった。

そんなある日、「彼氏がいない」とぼやいていると、当時よく飲みに連れて行ってくれた取引先が、友人の男性を紹介してくれた。


31歳で結婚した。

仕事の上でも変化があった。

営業だけなら楽しかったのだが、マネジメントや経理なども任されるようになり、だんだん疲れ始めてきていた。

夫の転勤を機に仕事を辞めた。専業主婦になり、間もなく娘が生まれた。

ところが、ブルドーザーのように働いていたのに、24時間の母親業は難しかった。すき間時間も、夜中も、常に子どもの世話をするための「待機時間」のように感じられた。

自分にイライラ　そして「まさか息子が」

いくら疲労がたまっても、独身のときのように、週末に充電することはできない。娘が1歳半ぐらいになるまでは完全母乳で育てた。離乳食を食べず、すぐに不機嫌になる。出かける直前にうんちをしておむつ替えが必要になる。昼寝の間に洗い物を済ませようとしたら、すぐに起きる……。

常に睡眠不足だった。夫が出勤するときも起きることができず、朝食代わりに菓子パンを差し出した。

夕飯も外で済ませてもらい、自分は離乳食の残りをつまんでしのいだ。

知り合いがいない土地で、思い通りに物事を進められない自分にイライラし、「自分は無能だ」と自信をなくした。

3年後、再び夫に転勤辞令が出た。間もなく、息子が生まれた。

「この子が手を離れたら、また外で働こう」

そう思っていた矢先、思いがけないことが起きた。

「3歳にしては、おしゃべりが少ない」と心配していた息子が、知的障害と診断されたのだ。

ショックだった。将来、学校や職場でいじめられたり、つらい思いをしたりするかもしれない。そんなことは耐えられない。

「母子心中」という言葉が、頭をよぎった。

「うちの家系じゃない」と言われ

義父母からは「うちの家系じゃない」といわれ、ショックで過呼吸になった。

子どもたちを可愛がっていた夫も、息子の障害を受け入れられなかった。

そのせいか、息子の療育に力を入れる女性に対し、いつも怒っていた。夫婦間の会話がほぼない期間が2、3年続いた。

思い詰め、救いを求めた精神科で、ＡＤＨＤと診断された。

検査を受けると、情報の処理速度の能力は高いが、視覚の刺激に反応する知覚統合の能力は低く、スキルに凸凹があった。

まさか自分にも障害があったとは——。

再び崖から突き落とされた気分になったが、息子が診断された時ほどの衝撃はなかった。

ふりかえってみれば、自分の行動はＡＤＨＤの特性にぴったり当てはまった。

衝動で動く。凝り性で、集中すると周囲が止めても突っ走る。一つの仕事がヤマを越えると虚脱状態になる……。

ただ、仕事をしていた頃は、むしろ段取り上手と言われていた。神経を張り詰めていた分、疲れや緩みが休日にはき出されていたのかもしれない。

その時間がなくなった今は、常にイライラしている。

娘と息子に「こんな母親でごめんね」と謝りたかった。

自分は何の役にも立たない。「生きててすみません」という気持ちにもなった。

自分の障害は墓場まで持って行く

でも、発達障害であることは、夫には言えなかった。

すぐに義父母が出てきて、息子の知的障害も含めて女性の家系のせいにされるに違いない。そして離婚を持ち出されるに違いない。

何があっても、子どもたちとは離れたくなかった。子どもたちのためにも、家族の形を壊したくない。自分の障害は墓場まで持って行くことにした。

薬は夫に見せないように飲み、通院の際は「息子の障害の関係で助言をもらう」と言い訳する。そんな秘密を抱えた生活が苦しく、うつ病の一歩手前のような状態になった。

たまたま市の広報で「うつ病の対処講座」が目にとまり、参加してみた。

講師はＡＤＨＤにも詳しかった。講座の後、思わず講師に駆けよって相談し、ＡＤＨＤの人向けのワークショップを紹介された。

同じ特性に悩む人たちとの会話は「あるある」ばかりで居心地がよかった。

参加者の多くが、片付けが苦手だという。実は、自分もそうだった。

ダイニングテーブルは、子どものプリントや文房具、空のペットボトル、食べかけのおやつに占拠されていた。

４ＬＤＫの自宅には「開かずの間」もあった。子ども服のお下がり、本やコピーの山、おもちゃ……。

ママ友が来るたびに、色んなものを放り込んで、何がどこにあるかわからなくなっていた。

「変えるなら、今しかない」

レンチンを駆使、家事の時間を半減

講師から時間管理術のアドバイスをもらい、一念発起することにした。

家事をできる限り合理化し、浮いた時間は昼寝をしたり、ドラマを見たり、自分のために使いたい。「自分のトリセツ」をつくることにした。

まずは、家事にかかる全ての時間を計ってみた。約7時間だった。

起床、子どもの登下校、入浴、就寝時間……。1日の行動をすべて、スマートフォンのアラームに設定した。

朝目覚め、カーテンを開けるのに1分。布団を畳むのに1分。冷蔵庫を開けておにぎりを取り出し、レンジで1分30秒。その間にトイレ。そして、子どもが学校に持っていく麦茶を作り、水筒に入れて玄関に置いておく……。

凝り性の自分の特性を利用して、動線を決めて徹底的にルーティン化した。すると、家事に費やす時間は約3時間に短縮できた。

水筒やプリント類を子どもに持たせ忘れ、学校まで追いかけることもなくなった。

冷蔵庫のなかは、作り置きのおかずとラップに巻いたおにぎりがずらりと並ぶ。

たとえば、「明日の晩は唐揚げでビールを飲みたいな」といった衝動スイッチは、いつも突然に入る。

鶏肉3パックを買い込み、大量に唐揚げを作り、その余りで親子丼、チキンカレーと鍋の材料を一気にこしらえる。

そうしておけば、料理のやる気が出ないときにも、レンジで温めれば食事ができあがる。

洗面所の引き出しは、「髪」「顔」「歯」「体」の用途別に収納した。以前はシャンプーも歯ブラシもボディーソープも一緒くたで、どこに何があるかわからなかった。

仕事や子どもの行事の予定がぎっしりと書き込まれている分厚いスケジュール帳

外出時に忘れ物がないように、手荷物はいつも同じリュックにした。なくしやすい鍵は、リュックのポケットに縫い付けたホルダーを定位置にした。


ふとしたときに、バリバリと働く独身の友人や、仕事も子育ても充実している後輩を、まぶしく思うときもある。

でも少しずつ、自ら編み出した家事のライフハック（生活術）が、自分の足跡だと思えるようになってきた。

Interview

ADHD女性の強みを発信していくことも大切

——林　若穂さん（昭和大学附属烏山病院精神科医）

ＡＤＨＤ（注意欠如・多動症）と診断された女性の方が、男性に比べるとうつ病などになりやすく、離婚したり非正規で働いたりする割合も高い——。ＡＤＨＤとジェンダーに関する論文をまとめた昭和大学附属烏山病院の精神科医・林若穂さんに、ＡＤＨＤ女性が抱える生きづらさについて聞きました。

大人になってからADHDに気づく女性が多い

——ジェンダーに着目したのはなぜですか。

外来や病棟で患者さんを診る中で、大人になってからＡＤＨＤに気づく女性が多いことに気づきました。

女性の方が、家事もして、子育てもして、仕事もして、というマルチな役割を求められることが多い。発達障害があるとつまずきやすく、困難の度合いも大きいのではと感じていました。

――論文では、日本女性に求められる特質として「やまとなでしこ」という表現を使っていますね。生きづらさの背景に、こうした社会的な規範があるのでしょうか。

例えば会議などでしょっちゅう発言をすると、海外では「ユニークな考えを持っているね」とポジティブな反応をもらいます。でも日本では「ちょっと落ち着きなよ」などとネガティブにとられてしまいます。

「女の子だったらおしとやかに」とか、周りによく配慮し、3歩さがってついていく、といった特質が、いまだに望ましいと考えられていないでしょうか。

でも、ADHDの特性は、それと逆なんですよね。すごくおてんばで、たくさん動くので、いろいろな活動に参加したり、リスクが大きいことに飛びついてしまったり。

男の子の場合は「男らしくていいね」「勇気があっていいね」となるけれど、女の子だと、「おてんばが過ぎる」とか、ネガティブな言葉をかけられやすいのではないでしょうか。

研究途上ではありますが、そういう社会的な要因が背景にあるのではと感じています。

——それが、どんな影響を与えるのですか。

ＡＤＨＤの女性には、自己肯定感が低かったり、不安が強かったりする人が多くいます。

小さいころから親に「もっとおしとやかにしなさい」などと言われてきて、「私ダメなんです」「女性らしくないんです」という方にけっこう会います。

昭和大学附属烏山病院の精神科医、林若穂さん

就職、結婚……人生の転機は要注意

——とはいえ、多少のトラブルはあっても、学生時代まではそれほど困らない人が多いように感じます。

女性の、特にＩＱ（知能指数）が比較的高い方の場合、対処行動をうまくとることができます。「人からこう言われたから、こう直せば良い」と、自分のつらさや特性をカバーできるのです。

ところが、社会に出たり、結婚したり、子どもができたりすると、求められる役割や、やらなければいけないことの負荷が急に増えます。

そうなると、対処行動が追いつかなくなって症状がすごく目立ったり、うつ病や不安障害などの二次障害を発症したりする方が増えます。

——論文では、ADHD女性のおよそ4分の1がうつ病や双極性障害などの精神疾患を併発しており、その割合は男性の倍近い、と指摘しています。

会社に入れば遅刻はできないし、管理されます。業務内容も増えますし、人とコミュニケーションもしなきゃいけない。結婚すれば、ある程度の家事も求められます。でも、ADHDの方は優先順位を付けたり、物事の段取りをたてて先を見通して動いたりすることがすごく苦手です。

そのため、夫婦げんかになって責められたり、上司に怒られたりすることが日常茶飯事となってしまいます。

――離婚経験の割合も、女性は7・7％と、男性の4・5倍も高いですね。

パートナーの寛容さにもよりますが、ＡＤＨＤの特性がある妻の方が、同じように特性のある夫に比べて配偶者に許容されにくいと、海外の論文でも報告されています。

海外でも、女性には、きちんと子育てをして、夫の言うことを聞いて、家事もしっかりオールマイティーにやってよね、という役割が期待されています。

「家事は女性がやるべきだ」「家はきれいに整えておくべきだ」という意識が、男女ともに根強くあるのではと思います。

――非正規雇用で働いている人の割合も28・8％と、男性の2倍以上でした。

かつてはお茶くみやコピー取りなどの事務作業に就く女性が多くいました。でもＡＤＨＤの特性がある人は、こうした事務作業が苦手です。

時間の概念も抜けやすいので、遅刻などの管理がそこまで厳しくない環境だとのびのびと仕事ができます。外回りの営業とか、体を動かしたりする職業だと、けっこう楽しくやれる方もいます。

ただ、こうした仕事は男性が就きやすい傾向があります。環境的なハンデも存在している可能性があります。

早めに特性に気づけば、失敗も減る

——診断は早いほうがよいのでしょうか。

早いほうが、仕事を選ぶ際の失敗も減ると思います。早めに特性に気づいて診断を受ける「早期発見」がキーワードです。

ＡＤＨＤは、障害というよりは「左利き」みたいなもので、ある意味、個性です。ＡＤＨＤを持つ女性の強みをさらに発信していくことも大切だと思います。

——ＡＤＨＤ女性の強みって、何でしょう。

ちゃんと思ったことを言ったり、発信したりできることや、エネルギッシュなことです。思ったことをすぐに行動に移せる行動力は強みだと思います。

興味や関心が移ろいやすい分、いろいろなことに関心を持ちやすいので、新しい発見をしやすいとも感じます。ユニークな視点を持っている方も多いです。

また「過集中」という、スイッチが入ったときの集中力も強みなのかなと思います。その代わり、ヘトヘトになって何日か寝込んでしまったりもするのですが。

治療を受けるかは本人次第

――治療を受けることで生きやすくなりますか。

不注意や多動、衝動性というＡＤＨＤのメインの症状は、薬で抑えることができます。薬を飲んだおかげで、クビ寸前だったのが、ミスがすごく少なくなり働き続けているというケースもあります。

薬は、ライフステージに合わせた飲み方もできます。段取り良く生活しなければならない時期は飲んで、そうでないときはやめるとか、仕事の日だけ飲み、休日は飲まない、ということもできます。

――認知行動療法もありますね。

認知行動療法は、自分のゆがんでいる認知を修正していく方法です。

失敗体験を繰り返してきたため、ちょっとしたことを大げさに考えたり、できないことばかりに目がいったりする人がいます。

ネガティブな考え方のクセを見直し、いろいろな角度からものを見る方法を学んでいくことで、自己肯定感も上がっていきます。

ただ、考え方を変えただけで、不注意や多動や衝動性が収まるわけではありません。こうした症状が強い方には、薬による治療も必要になってくると思います。

――早期発見のために大切なことは。

ご家族やパートナーが指摘することで気づくケースがあるので、多くの人に「発達障害とはどういうものか」を知ってもらうことは大事だと思います。

理由もわからずに怒られ続けるより、「ＡＤＨＤの特性があるから、こうなりやすいんだ」と理解できれば、そんなに自分のことを責めなくてすみます。

周囲に自分の特性を伝えることで、理解してもらったり対処してもらったりすることもできます。

ただ、本人が治療の必要性を感じなければ、治療にはつながりません。本人次第という部分が大きいと言えます。

第2章

「ツレ」が発達障害
——ふりまわされる、でも愛している

周囲との人間関係をうまく築くことができないのが発達障害を抱える人たちの特性だが、その影響をもっとも受けるのが、ともに過ごす時間が長いパートナーや家族だ。

「カサンドラ症候群」という言葉を耳にしたことはあるだろうか。

パートナーが発達障害の一つである「自閉スペクトラム症」(ASD)のため、家族がうまくコミュニケーションが取れず、心や身体に不調が出ている状態のことだ。

カサンドラは、ギリシャ神話に登場するトロイヤの王女の名前で、彼女は予知能力を授かったが、太陽神アポロンに「周囲から信じてもらえない」という呪いをかけられ、苦悩したといわれる。

カサンドラ症候群は、精神疾患の国際的な診断基準「DSM-5」に記載はなく、正式な疾患名ではないが、パートナーや家族の言動に振り回され、疲弊して心身に不調をきたす人も少なくない。家庭内という閉鎖的な空間で起きるため、周囲が気づくのが遅れ、解決までに長い時間を要するケースもある。

本章では、そんな家族の物語を紹介する。

1　義母のメールで知った妻の発達障害

時間の感覚がない妻

その日、会社員のオサムさん（43）は焦っていた。妻（49）と幼い子どもたち2人を連れて、新幹線で旅行に出かけるところだった。

家を出るのが遅くなり、在来線からの乗り継ぎ時間がわずかしかない。発車時刻が迫っていた。

それなのに妻は、「おみやげを買う」といってどこかへ行ってしまった。

妻を捜しに行き「もう間に合わないじゃん！」と怒ると、妻は「何で怒ってるの？　怖い」。

愕然（がくぜん）とした。

結局、新幹線には間に合わなかった。旅先の予定も大遅刻となった。
２０１４年の11月のことだ。

昔の資料を見ながら話をする夫婦

妻はいつもそうだった。時間の感覚がぶっとんでいた。というか、時間の感覚がなかった。

何時にでかける、と決めても、どういうわけかいつも間に合わない。

午後6時ごろになっても、朝ご飯の茶碗は流しに積みっぱなし。炊飯器のスイッチすら押されていない。

おまけに、片付けも大の苦手。家はいつも「いるもの」と「いらないもの」がごちゃまぜになって散乱していた。

真面目できっちりした性格のオサムさんと、明るくおおざっぱな性格の妻。

知人の紹介で知り合い、ほれて結婚した妻だった。

でも結婚から5年が過ぎ、オサムさんのイライラは募っていた。その矢先の、新幹線事件だった。

腹の虫がおさまらなかったオサムさんは、妻の母に顛末（てんまつ）をメールした。

すると、数日後にこんなメールが返ってきた。

「7年前に知り合いの医者に相談したら、発達障害の一種との診断でした」

「娘には秘密にしてください」

誰にも言えずに一人で悩んだ

え？　障害？　発達障害って、何？

思いもよらない返事に、困惑した。

それに、7年前ということは、結婚する前からわかっていたってことか？

それなら、なぜ、結婚前に知らせてくれなかったのだろう？

不信感と、ショックで、頭が真っ白になった。

「娘には秘密に」というひと言が、さらにオサムさんを苦しめた。誰にも言えず、一人で悩んだ。

インターネットや本で、発達障害について調べに調べた。片付けが苦手、物事を同時進行で進められない、暗黙のルールがわからない……。書かれていることの多くは妻に当てはまった。

でも、義母には口止めされている。1カ月ほど悩み、出した結論は「妻に言う」だった。義母よりも妻をとった、といえばかっこいいが、本音は「妻を何とかしたい」だった。どんな反応をされるのか、怖かったが、12月のある夜、「話したいことがある」と切り出してみた。

「お母さんからこんなメールがきたんだ。俺なりにいろいろ調べたんだけど、たぶん、発達障害だと思う。クリニックも探した。受診、してみない？」

ホワンとした様子で聞いていた妻は、「いいよ」と言った。

思いの外あっさりした返事で、ホッとした。とにかく今の状態から一歩進めると思った。

「理由があるなら知りたい」と妻

実は妻も悩んでいた。

妻は語学が堪能で、大学を卒業後、海外で6年ほど働いた経験もあった。

その後、帰国して、貿易関係の仕事に就いた。ところが遅刻が多かったり、帳簿の数字が合わなかったりして退職し、その後は電話オペレーターなどの仕事を転々とした。

遅刻に加え、職場の人間関係にうまくなじめず、どの仕事も長くは続かなかった。

結婚し、2人の子どもを出産してからは、さらに悩みが深くなった。

時間の感覚がない上に、段取りを考えて動くことが苦手。目の前の育児の大変さに追われ、気づくと夜になっていた。

お金の管理も苦手だった。オサムさんはいつも怒っており、家庭の中はギスギスしていた。

外に出て働きたい、と思っても、求職活動もうまくいかなかった。

周囲からはいつも「努力が足りない」「性格の問題」といわれ、自分でもそう思っていた。

でも、何か他に原因があるのなら、知りたいと思った。

夫婦でメンタルクリニックを受診し、知能検査などを受けた結果、注意欠如・多動症（ＡＤＨＤ）と自閉スペクトラム症（ＡＳＤ）、そして適応障害（強いストレスが原因で、心身に不調が出て社会生活に支障が出る病気）と診断された。

多動を抑える薬も処方されて、飲みはじめた。

これで少しは良くなるのかな、と思った。

でも現実はそんなに甘くなかった。

変わらない日常に、心はすり切れた

夫婦の次なる目標は、「妻の就職」になった。

妻はずっと働きたいと思っており、オサムさんも「家事ができないなら、せめて働いてくれないと」と思っていた。

妻は診断書を手に、すぐにハローワークを訪れた。だが、なかなか採用につながらず、就職のための職業訓練も受けてみた。

3カ月かけて、面接の受け方、マナー講習、履歴書の書き方などをみっちりと学んだが、遅刻が多すぎて「就職活動以前の問題」と指摘された。

オサムさんのイライラは募っていた。通院をして服薬をはじめても、生活の悩みは何一つ解決しないじゃないか。

おまけに、職業訓練の新たな日課が加わり、家の中は荒れる一方だった。

診断から半年ほどが過ぎた2015年6月。ハローワークからの紹介で、自治体の発達障害者支援センターを夫婦で訪れた。

「妻をとにかく何とかしてほしい」

そうオサムさんは思っていた。

終始、厳しい表情で怒った様子のオサムさんと、疲れ果てている妻。2人を前に、担当となった女性相談員が声をかけた。

「ご家族が平和に暮らしていけるよう、一緒に対策を考える手伝いをしたいと思っています」

月に1度の面談を重ねながら、生活リズムを見直すことになった。

「遅刻をしない」練習を

妻は就職を目指す前に、まずは障害者の生活を支援する作業所に通って「遅刻をしない」練習をすることになった。

目標は、朝9時までに作業所に到着すること。そのために必要な「1日にすべきこと」を書き出して、分刻みの予定表を相談員と一緒につくった。

1日の行動を書き出してみると、やるべきことは山のようにあった。

定時に起きて、朝食の支度をして、子どもたちを起こして、食べさせて、片付ける。子どもと自分の身支度、洗濯、ゴミ出し。保育園に送ったあとは所定の時間のバスに乗り、作業所へ。

作業所のあとは子どもたちを迎えにいき、食事の支度、片付け、洗濯物の片付け、お風呂、寝かしつけ……。

相談員は根気強く寄り添ってくれた。スケジュールを、何度も何度も見直した。

オサムさんは「妻の練習のために」と、なるべく家事に手を出さずに、妻の行動に目を光らせた。毎日の行動記録もつけた。

それでも、妻は日課をこなしきれなかった。まだ幼い子どもたちにも手がかかった。

「なぜ、妻はよくならないんだ」

オサムさんの心は、次第にすり切れていった。相談員のすすめで心療内科を訪ねると、うつ状態と診断された。

遠方に暮らす両親の手も借りることにしたが、両家の親同士の考え方の違いや、嫁しゅうとめのいざこざは、さらなるストレスを生んだ。

「もう離婚だ」「勝手にすれば」

そんなけんかが絶えなかった。

そして、「事件」は起きた。

「私を改変したいの?」激怒した妻

2017年の暮れのことだった。

オサムさんが帰宅すると、布団と洗濯物がベランダに干しっぱなしになっていた。外は雨が降っている。

「なんで干しっぱなしにするのか」

妻を問い詰めると、「どこにしまったらいいかわからなかった」と言う。

「考えてみたら」「わからない」と押し問答になった。

同じ日、土鍋の洗い方でもけんかになった。

洗剤を使わずに金たわしで洗うのがオサムさんのやり方。でも、妻が洗剤を使って洗っていたことが発覚した。油っぽいものを水だけで洗うことに、妻は抵抗があった。

オサムさんが激怒すると、妻も激怒した。

「オサムは、自分の思い通りに私を動かしたいだけ。そんななら、他の人と暮らせばいいじゃない」

妻は、毎日を笑って楽しく暮らしたかった。それなのにオサムさんは、どっちでもいいようなささいなことにまで目くじらを立てて激怒し、自分の理想を押しつけてくる。

食事に汁物は必須、子どもに菓子パンを与えるな、洗濯物を干しっぱなしにするな、あれをするな、これをするな……。

我慢の限界だった。私だって、私なのに。

「私を改変したいの？　無駄なことを」

オサムさんは、何も言い返せなかった。

そして「改変」という言葉が心に突き刺さった。

そんなつもりじゃなかったのに、妻からはそう見えていたのか。パートナーの人格をつくりかえるような夫に、自分はなりたかったのか？　家族を守りたかったはずじゃなかったのか……。

「ふとん事件」と「土鍋事件」。そう書いて、もんもんとした思いを、1年半前から通っていた発達障害者支援センターの相談員にメールした。

けんかのたびに「告げ口メール」と称し、相談員に顛末を伝えることを、妻も承知していた。困ったときに第三者に話せることが、オサムさんには救いだった。

年明け、年末のけんかについて支援センターの場で相談した。

すると、相談員から意外な提案があった。

「台所の使い方は、普段台所を使う奥さんのやり方に合わせたらどうですか」

雨の日は洗濯物を干さないことも併せて、夫婦で合意した。

けんかをしてから日が経ち、オサムさんも少し冷静になっていた。

自分にも、細かすぎるところがあるのかもしれない。そう気づかされた。

妻の言葉も耳に残っていた。

4歳の息子の姿に衝撃

そのころ、オサムさんにはもうひとつ、悩みの種があった。

4歳になった息子のことだ。

友だちとの距離感がつかめず、嫌がられてもつきまとう様子を、保育園の先生から指摘されていた。こだわりの強さも目立つ。

「もしかして、この子も発達障害なんじゃないか」

そう思うと、ショックだった。

まだ現実を受け止めきれなかった2018年の夏休み。家族で福井県の恐竜博物館を訪れた。

そこで、オサムさんは衝撃を受けた。

普段は聞き分けがなく、落ち着きもなく、手を焼いてばかりの息子なのに、まるで別人だった。

夢中になってハンマーで石を砕き、化石の発掘体験をしている。目をキラキラさせて。

そんな姿を見るのは初めてだった。

「あの子は、ずっと発掘をやっていればいいいんだね」と妻と話した。

そのときに思った。

ああそうか、自分は環境に合わせることばかり考えてきたけれど、環境の方を合わせることができれば、こんなにも輝けるのか。

変わるべきは、心を開くべきは、自分のほうなんだ。

うすうすとはわかっていた気持ちに、オサムさんはやっと、向き合えた気がした。

それから、考え方がかわった。

自宅の片付けは、プロのサービスを利用することにした。

お金の管理には、用途別の袋に小分けに入れる方法を取り入れた。

アラームには、「ごはんのじかんだよ」「起きるじかんだよ」という家族の声を録音して鳴らすようにした。

「妻の練習のために」とかたくなに妻に求めていた家事も、できるだけ分担するようにした。

それから、自分の趣味のマラソンの時間も持つようにした。

発達障害の子を持つ親や、パートナーの集まりにも参加した。「私たちは選ばれたんですよ」と言う誰かの言葉が心に残った。

息子はその後、「発達障害の疑い」と診断を受け、小学校では特別支援学級に通うことにした。

そのことを親たちにも報告した。「若い頃にしてこなかった苦労を、今しているのかな」。そう言うと、父親は「お前がそう思うなら、頑張ってくれ」と言ってくれた。

自分の選んだ道が、認められたような気がした。

そしてチームになる

最近は、生活が少しずつ整い、心の余裕も生まれてきた。

妻の「ぶっとんだ出来事」は今も日常茶飯事だ。

冷蔵庫の野菜室に魚が入っていたり、洗面所の蛇口に水中眼鏡がかけてあったり、詰め替え終わったシャンプーの空袋が放置されていたり……。

それでも今は「も〜」と言いながら写真をとれば気持ちが収まるようになった。

「こちらの方に、ちょっと寄ってきてくれたかんじ」。妻は笑う。

妻も、遅刻をしないために通っていた作業所を卒業し、就職に向けた階段をひとつずつ上がっている。

子どもの発達の問題など、悩みはつきない。でも家族の困難も、今は「チーム」として乗り越えていける気がする。

あるとき、オサムさんはふと、妻に伝えた。

「あなたと結婚して、良かったと思っている」

ちょっと戸惑ったけど、妻も伝えた。

「ありがとう」

2　雑談できない夫と家族の再生

新婚旅行での夫の不可解な行動

物静かで誠実な人柄。大学を卒業後は、金融関係の会社に20年近く勤務――。知人から紹介された夫（58）は、文句のつけようがない経歴の持ち主だった。礼儀正しい振る舞いにもひかれ、女性（57）は出会って3カ月ほどで結婚した。2005年のことだ。

しかし、間もなく、違和感を抱き始めた。

新婚旅行の初日、南紀白浜（なんきしらはま）のホテルのスイートルームに宿泊した。優雅な空間とオーシャンビューに、2人とも大はしゃぎ。夫はつい、調度品の大きなランプを床に落として壊してしまった。

フロントに連絡をしなくては。受話器を取りかけた女性を夫は制し、携帯電話で保険会社に電話し始めた。弁償可能かどうかを調べるという。


え？　この人は何を言っているの？

「まず最初にやることは、ホテルの人に謝ることだよね。それが当たり前だよね」

女性がいさめると、夫はその場で固まりながら言った。

「謝る理屈が、意味がわかんない」

部屋に来たホテルのスタッフは、「おめでたいご旅行なので弁償はいらないですよ。おけがはありませんか」と気遣ってくれた。

恐縮する女性とスタッフのやりとりを、夫は呆然と眺めるだけだった。


「疲れているのかな」

その時はそう思った。だが、不可解な行動はその後も続いた。

ビデオショップでＤＶＤをレンタルするときは、「新作は高いし、つまらない作品も多いから」と、必ず旧作を指定した。

再生するときは、日本語の吹き替え音声なのに、必ず日本語字幕を表示した。

洗濯をするときは、洗濯機に衣類を入れる前と、衣類を取り出すときに、必ず手を洗った。

寝るときは、アイマスクと耳栓を欠かさなかった。

こだわりの強さは「人それぞれ」と考えるようにした。

ところが次第に、意思の疎通ができない場面が増えてきた。

買い物から手ぶらで戻った夫

ある日、家庭用プリンターのインクが切れ、家電量販店での買い物を頼んだ。

夫は早速出かけたのだが、数時間後、手ぶらで戻ってきた。

「頼んだインクは？」。女性が尋ねると、「確かに行ったよ。でも店は閉まってた」。なんで？

「それならば、別のお店で買ってきて欲しかった」。女性がため息をつくと、「でも、君が行って欲しいところには行ったよ」と平然としていた。

怒りを抑えきれず、女性は声を荒らげてしまったが、夫には響かない。

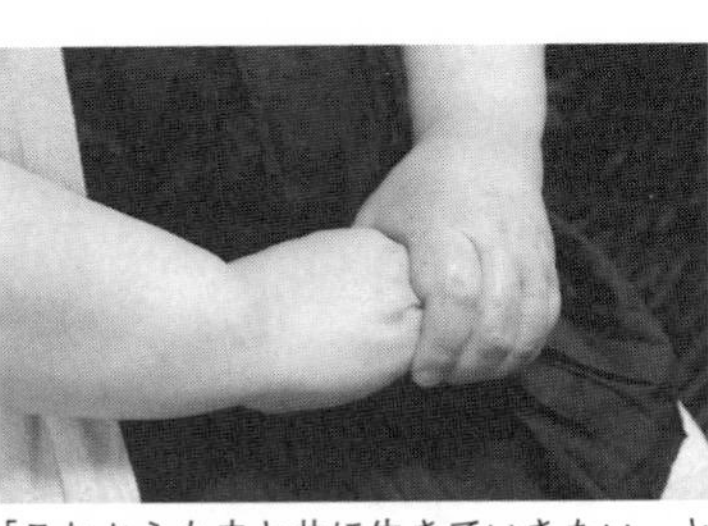

「これからも夫と共に生きていきたい」と語る女性

こうしたやりとりが続き、ストレスから不眠が続いた。おなかの調子を崩し、月経前には一層イライラが増した。

女性はメンタルクリニックに通い始め、うつ病と双極性障害と診断された。

月に1度のカウンセリングを続け、1年ほど経ったある日、カウンセラーから言われた。

「パートナーはおそらく発達障害で、あなたは間違いなくカサンドラ症候群よ」

カサンドラ症候群って？　ネットや本で調べてみた。

パートナーがＡＳＤで、一見、協調性があり、真面目で温厚だが、実際には人の気持ちを推し量れない。

そのため、周りの人はただただ疲弊する……。

自分たちのことだと思った。

「これが私の生きづらさの正体か」

ホッとすると同時に、悲しくなって泣き崩れた。

何げない雑談、したかったのに

結婚したら、夫とはその日に起きた出来事を互いに話したり、テレビドラマを一緒に見ながら笑ったり泣いたりしたかった。

でも、そうした何げない雑談ができない。

その後、女性に連れられて行ったクリニックで、夫は軽度のＡＳＤと診断された。診断をきっかけに、夫が変わってくれるかもしれない。女性はそう期待した。

でも医師は「社会生活はできているし、本人が困っていないので、治療の必要はありません」と言う。

女性は途方に暮れた。一生、自分だけが我慢し続けなければいけないのか？

義理の両親が夫婦の生活に干渉してくることも、ストレスの原因だった。とはいえ女性に逃げ場はなかった。結婚を機に、実家とはほぼ縁を切っていたからだ。

女性は父親不在の家庭に育ち、ぜいたくざんまいの祖母と、母に育てられた。

自分の意思とは関係なく、小学校受験をさせられた。ことごとく失敗すると、母は「お前に投資するのはもうやめた」と冷たく言い放った。

自分は愛されていないと思った。

それでも専門学校を出て就職後、給料を家に入れ続けたのは、「こんな私だけど感謝されたい。認めてほしい」と思ったからだ。

しかし、給料は祖母が立ち上げた事業の借金の返済に使われ、あげくに母とともに自己破産した。35歳のときのことだ。

一家は都心の一等地を離れ、郊外の借家へと移った。女性は、借家のガレージに放置されていた廃車に寝泊まりしながら、派遣や契約社員として仕事を続けた。

夫と出会ったのは、そんな、人生どん底のタイミングだった。

女性が自らの境遇を伝えると、夫は言った。

「破産は人生の失敗じゃない。再生への道です。胸を張って生きていきましょう」

この一言で、人生に光が差した。

そのとき、「一生、この人についていく」と決めた。

カウンセラーに指摘された本当の気持ち

それなのに、今は夫の言動が日々のストレスとなり、女性を苦しめている。

最近も、クリーニングに出す予定のお気に入りのトレンチコートを、洗濯機に放り込まれたことがあった。

ヨレヨレになったコートを手に注意すると、夫は泣いて「寝ます」といって、寝室に引きこもった。


夏にエアコンが壊れたときは、見積もりが高額なのに、地元の電器店に修理を依頼すると譲らなかった。

できれば話し合いで解決したいと思っているが、女性は怒りを抑えられず、つい声を荒らげてしまう。

そして、怒鳴られた夫も激しく落ち込み、2人で体調を崩して寝込んでしまう。月に1度、受診しているメンタルクリニックで離婚や別居を相談したこともあった。

でもある日、カウンセラーから指摘された。

「私との会話の中で、3度も『夫との人生をよきものとしたい』と言っていたわよ。本当の気持ちは、家族の再生にあるのではないの？」

ハッとした。

心の奥底では、夫と一緒に家族のかたちをつくりたいのだ。

周りにいる夫婦のように、たわいのない会話ができる日は来ないかもしれない。

だけど、ふとした瞬間に、両親から愛情をめいっぱい受けて育った彼の優しさが垣間見える時がある。


彼の優しさを感じられるときは、自分も安心感に包まれる。

夫への語りかけ方を工夫することで、2人ならではの「夫婦の時間」を積み重ねることができるかもしれない。そう考えるようになった。

最近、自治体の発達障害者支援センターに電話がつながったことも大きい。自分の悩みを聞いてもらうことで、イライラが消えた。

「理解者がいる、と思えることが、大きな心の支えになっています」

最善の道を探してもがく日々

なぜか最近、夫が「クリニックに行って治療を受ける」と言いだした。女性の知らないところで、何かきっかけとなるできごとがあったようだ。

夫との人生を、「よきもの」にできるかもしれない。ふたたび、人生に光が差しこんだような気がしたが、その後、順風満帆というわけではない。

老後資金への不安はつきないし、夫の治療も進んではいない。

同じ悩みを持つ仲間と出会いたいと、発達障害があるパートナーがいる人たちの交流会にも参加してみたが、そのときに集まったのは実家の支援や経済的に自立した環境がある人ばかりだった。「自分とは世界が違う」と、逆に落ち込んでしまった。

今は、食事と睡眠に気を配り、聖書の一節を毎朝唱えることで心の安定を保っている。精神的に追い詰められる前に一人旅に出て、物理的に夫から離れるという手段も使う。まだまだ「道半ば」だが、自分なりに最善の道を探してもがく日々だ。

Interview

パートナーと生き延びる方法は

――真行結子（しんぎょうゆいこ）さん（発達障害者の家族の支援団体「フルリール」代表）

パートナーが発達障害の夫や妻にとって、ともに暮らす上での苦しみを周囲から理解されないことが、一番つらいといいます。どうすれば一人で苦しまずにすむのでしょうか。当事者の家族を支援する団体「フルリール」（横浜市）を運営する真行結子さんに聞きました。

誰にもわかってもらえなかった

――支援を始めたきっかけは？

私自身が、発達障害の特性がある夫との関係に長く悩んできました。

夫は真面目でいい人なのですが、私が悩みごとを相談してものれんに腕押し。子どもの進路や習い事など、大事な局面で物事を決めるのはいつも私でした。

また、会話のキャッチボールができませんでした。一人で壁打ちをしているような状態が空しく、うつ状態になって仕事に行けなくなり、3年間休職しました。15年ほど前のことです。

――誰かに相談したのですか。

心療内科を受診し、夫のエピソードを伝え「つらいんです」と訴えました。でも、医師に「僕も家族にそういう態度で接しているよ」と言われてしまって。

臨床心理士のカウンセリングも1年ほど受けましたが、最終的に「あなたの受け止め方の問題だ」と言われました。「私がいけないのだ」と、すごく落ち込みました。

――なぜ、そう言われてしまったと思いますか。

夫は、いわゆる名門といわれる大学を出ています。仕事もしていて、暴力もふるわず穏やかな人です。

「保育園や習い事の送り迎えをする」「公園に連れて行く」など、具体的にお願いをすれば、子どもの面倒も見てくれます。

周囲からは「いいお父さんね」と思われていて、私の悩みは誰に話してもわかってもらえませんでした。

精神的にも肉体的にも疲弊

——当事者の家族にとって、とくに何がつらいのでしょう。

夫婦は本来なら、お互いに歩み寄り、理解しあう関係が理想だと思います。発達障害があるパートナーと暮らす家族にとって、対等に対話ができないことが一番つらいと思います。

特性にもよりますが、気持ちが通じあえない、つらさや喜びを共有できない、相談ができない、相手の強いこだわりに振り回される、パートナーの日常生活へのフォローに追われる……といった状況の中で、精神的にも肉体的にも、かなり疲弊している方が多くいらっしゃいます。

一方で当事者の本人は、どうして相手が怒ったり泣いたりしているのかがわからず、戸惑っています。

周囲には「よき夫（妻）」「優しい父（母）」と映ることが多いため、家族がつらい思いをしていることが周囲に伝わらず、一人で背負いがちです。

夫婦関係だけではなく、発達障害の親に振り回されて悩む子どももいます。

――家族を支える仕組みはありますか？

以前に比べれば、社会が多様性や個性を受け入れるようになり、発達障害への理解は進んだように思います。

ただ、家の中で起きている問題にまで目が行き届いているとはいえず、サポート態勢も十分とはいえません。

家族の孤立、強めないためには

――どんな支援が必要なのでしょうか。

まずはつらい思いをしている家族に、寄り添ってくれたらありがたいですね。

「あなたが抱える問題は多かれ少なかれ、どの家庭にもある」などと、いま以上の頑張りを求めることは酷です。家族の孤立を強めてしまいます。

配偶者への暴力や子どもへの虐待があったり、家族が疲弊して心やからだの病気を発症したりするなど、介入が必要なケースもあります。

——どこに相談すればいいですか。

都道府県や政令指定都市が設置する「発達障害者支援センター」に具体的な状況を伝えて、どの機関でどのような支援が得られそうか聞いてみて下さい。

私自身も、公的機関の相談員研修などに呼ばれて当事者家族への支援について講演することが増えています。配偶者暴力（DV）相談支援センターや児童相談所など、行政機関もこの問題への理解を深めてほしいと思います。

——自助グループも各地にありますね。

私が運営する団体への相談も増えています。「やっと共感してもらえて孤立感から解放された」「問題解決の糸口が見つかった」「生きる元気を取り戻した」

発達障害者の家族の支援団体「フルリール」の代表を務める真行結子さん

といった感想をいただいています。

支援団体を立ち上げた8年前に比べ、この問題に対する関心や家族への支援が少しずつ広がっている感触があります。一人で抱えないで、相談してほしいと思います。

「自分が幸せになる人生」選んで

大切なのは、必ずしも「婚姻関係（家族関係）の継続」は最終ゴールではないということです。「自分が幸せになる人生」を選び取っていただけたら、と私は考えます。

自己犠牲を伴う愛は、パートナーや子どもとの健全な関係性をさまたげる要因にもなりかねません。パートナーの障害の程度や、接する家族の性格などケースに応じて解決策はさまざまで、場合によっては別居や別離が、よりよい選択だということもあります。

――真行さん自身は、どうやって回復したのですか。

偶然知り合った年配の男性に、「旦那さんは自閉スペクトラム症（ASD）ではないか。なぜなら私もASDだから」と言われ、「カサンドラ症候群」ではないかと指摘されました。

カサンドラ症候群関係の本を読み、すべてが腑に落ちました。自分の状況を俯瞰し、無理せず自分を大切にすることで、心の安定を徐々に取り戻しました。

夫とは最終的には離婚しましたが、子どもたちの親としての関係は続いており、折に触れて食事など家族で穏やかで楽しい時間を過ごしています。

こういう家族のかたちもあるのかなと思います。

しんぎょう・ゆいこ　発達障害のパートナーを持つ人たちを支援する団体「フルリール」を２０１４年９月に立ち上げる。体験の分かち合いや、専門家を招いた勉強会、当事者との交流会など様々な活動に取り組む。これまでに約３５００人の声を聞いてきた。

第3章

発達「障害」でなくなる日

これまで見てきたように、発達障害の特性によってつらい思いをする人がいる一方で、幸せに暮らしている人もいる。その違いはどこからくるのか。本章では、生まれ持った特性は変わらなくても、周囲の環境を調整することで、発達障害による生きづらさを小さくすることはできるのではないか、という視点から、家庭、学校、職場という3つの場面について考える。まずは、家庭のケースから。集団行動が苦手な息子を責めてしまった母の、「気づき」の物語だ。

1 変わるべきは親？

息子の異変

息子（12）は、集団行動が苦手なのかもしれない。母（50）がそのことに気づいたのは、小学校にあがって間もなくのことだった。

ある日、担任から電話がかかってきた。

「授業中、クラスで周りに誰もいないような雰囲気で座っています」

登校後もランドセルから教科書を出さず、授業中もうわの空。教室の移動も遅く、クラス全員を待たせることもあるという。

友達とのトラブルもたびたびあった。

3年生のとき、休み時間中のドッジボールで、手加減することなく女子にボールを当てて泣かせてしまったことがあった。

「自分がされたらいやじゃないの？」

母が尋ねると、「俺は悪くない。ドッジボールのルールだから仕方ないし、自分だったら泣かない」と言い張った。

このころ、新型コロナの感染拡大により休校が続いていた。息子が自宅にいる時間が増えると、家庭内もぎくしゃくし始めた。

友達も家にこもり、外で遊べなくなった息子は、オンライン上で戦うゲーム「フォートナイト」をやりたがった。

それまで母は、一切のゲームを禁止していた。昔、読んだ育児本に「夜9時には寝かせないと睡眠不足になる」とあったからだ。

ゲームを許したら、睡眠不足になるのは間違いない。でも、今は非常事態だ。学校の宿題を終えてから1時間半までというルールをもうけて解禁した。

端末の画面を見る息子。写真＝母提供

だがこれが、災いの種となった。

あるとき息子が「夜9時から友達と対戦したい」と言ってきた。息子は毎晩のようにゲームにのめり込んだ。

堪忍袋の緒が切れた母は、端末の電源を切って問い詰めた。

「宿題はしたの⁉」

「宿題したら、明日の朝学校行く準備しなきゃいけないよね。やってないよね⁉」

その間、息子は一言も話さず、じっと固まっていた。

「子どもが誤った行動をしたのだから、直さなければならない」

怒りが抑えられない母は、感情をそのままぶつけることもたびたびだった。

学校に行けなくなった息子

夏休みが明けた。息子は「学校に行きたくない」と言い出し、1時間目から登校することができなくなった。


母は問い詰めた。

「昨日の夜、学校行くって言ったよね」

「学校行かないでどうするの⁉」

その後も言葉だけでは怒りを抑えられない息子は、学校から配られたプリントを散らかしたり、家のドアをバタンと強く閉めたり、物に当たることが増えた。顔をしかめたり、お風呂場で叫び声をあげたりすることもあった。

秋に入ったころだった。いつものように、宿題かゲームのことで言い争いが始まった。言い争いが一段落すると、息子は2階の自分の部屋にこもった。しばらくすると「ドン」という大きな音が聞こえてきた。

両親が見に行くと、壁にこぶし大ほどの穴が開いていた。

「どうすんの、これ……」

ショックで我に返った母は、息子のこれまでの行動をふりかえり、スマホで調べた。次の行動への切り替えが難しい、融通が利かない、変化に敏感……。調べれば調べるほど、「発達障害」というキーワードが目についた。

児童精神科クリニックを受診

息子は発達障害なのではないか。

行政の窓口に相談し、東京都江戸川区にある児童精神科「まめの木クリニック」を紹介された。

なかなか予約が取れないと聞き、初診受付の日は、自宅の電話やスマホなど4台を駆使して予約を取った。

2021年1月、父（56）と母、息子の3人でクリニックを訪れた。発達障害かどうかを調べるため、言語の理解力や指示の処理スピードなどを確かめる知能検査を受けた。

3月、3人で結果を聞きに行った。息子が同席していたため、とくに診断名は告げられなかった。その3週間後、両親だけでクリニックに行ったときに、母が臨床心理士に切り出した。

「うちの子は、（発達障害の傾向はあっても診断基準には満たない）グレーゾーンなんですよね」

「グレーゾーンではなく、診断がつく状況です」

息子は注意欠如・多動症（ADHD）と自閉スペクトラム症（ASD）だった。

次々に指示が出ると注意力が散漫になる、ほかの人の立場に立って考えるのが苦手、言葉を額面通りに捉え、悪気はなくても周囲と違う行動を取ることがある——。

そう説明された。

思いがけない診断に、母は動揺した。

将来、自立できるの？　私たち両親がいなくなったらどうなるの？

医師からは「子どもは必ず成長します。周囲が特徴を理解すること、特に家庭での対応が大切です」と言われた。

母は自分の胸に手を当てて考えてみた。

気になる行動があると、「直さないといけない」と問い詰めていた。つい感情的になり、言い過ぎることもたびたびだった。

「ペアレント・トレーニング」を受ける

変わらなければいけないのは、自分ではないか——。

臨床心理士からは、ADHDと診断された子どもとどう接するべきかを学ぶ「ペアレント・トレーニング」を紹介された。

親と子どもの自尊心を高めることが目的で、欧米ではガイドラインで薦められている方法だ。日本でも少しずつ広がっている。

子どもの行動をむやみに叱ると、親は「自分の子育ての仕方が悪かったのか」と自らを責めてしまう。一方で、子どもも「親から否定された」と自尊心が下がる。親が子どもの行動の捉え方を変えることで、親子の関係を修復することを目指している。

さっそく予約したが希望者が多く、実際に受けられるまでは1年間、待たなければならなかった。

2022年6月、全10回のペアレント・トレーニングが始まった。他の6人の親とともに講義を受け、ロールプレイや話し合いなどを重ねることになった。

臨床心理士からは、子どもの行動を「好ましい行動」「好ましくない行動」「危険な行動」の3つに分けるよう教わった。

好ましい行動をしたときにはほめる。ただし、完璧にできたときだけではなく、25％ができればよく、やる姿勢を見せただけでもほめるべきだという。

好ましくない行動をしたときは、親が口を出すと「興味をひけた」と思い行動を繰り返すので無視する、ただし危険な行動をしたときには警告を与える、とも教わった。

約3カ月間続いたトレーニングでは、同じ悩みを持つ親同士、相談しあった。それぞれが抱える悩みは自分が経験したものと同じだと気づき、積極的に自分の経験も話した。

変わった母、息子は……

トレーニングを終えると、さっそく学んだことを実践した。

トイレットペーパーを使い終わっても芯をそのままにしていた息子が、芯を捨てたことがあった。すかさず「ありがとう、気づいてくれて」とほめた。

すると息子は「もう1本トイレに芯が残ってたから、片付けておくね」と、片付けてくれた。

習い事に行く前に学校の宿題を終わらせたときも、ほめるようにした。それまでは、宿題は当たり前にやるものと思いほめていなかったが、「ほめる」ハードルを下げた。

直接ほめるだけでなく、妹（8）や父がほめていたことも伝えるようにしている。感情的になるのを抑え、冷静に伝えられるようにもなった。

もちろんすべてがうまくいくわけではない。ゲームをする時間が約束の時間を超えて叱ったり、互いに感情的になって言い争いになったりすることは、今もある。

ただ、母は気づいた。「子どものために」と誤った行動を叱っていたが、本当は、自分の考え方を押しつけていただけだったのではないか、と。

母の接し方が変わったことで、息子も少しずつ変わってきた。

友達とうまくつきあえるようになったせいか、周囲から信頼されるようになり、生活委員会の委員長を任された。

相手の気持ちもわかるようになってきた。

学校で友達同士がけんかし、泣いた顔を見せまいと下を向いた子を、別の子が下からのぞき込むことがあった。その姿を見た息子は「いやだと思った」と、母に教えてくれた。

2023年4月、息子は6年生に進級し、来年は中学生になる。家族や友達、学校の先生、周りの人たちのサポートがあったからこそ、ここまで成長できたと思う。息子がいつか、そのことに気づいてほしいと母は願っている。

だから部屋の壁に開けた穴は、今でも残している。

ペアレント・トレーニングとは

発達障害と診断された子どもとの関係に悩む親は多い。こうした中、親が子どものほめ方や接し方などを学ぶ「ペアレント・トレーニング」が注目されている。子どもができていることに親が気づくことで、親子ともに自尊心を改善できる可能性があるという。

ペアレント・トレーニングは１９６０年代に米国で開発され、国内では１９９０年代以降に広まった。原則、医療機関で臨床心理士らの指導のもとで行う。プログラムは１回90〜１２０分、４〜８人の少人数が参加し、全10回行うというパターンが多い。

トレーニングでは、子どもの行動を「好ましい行動」「好ましくない行動」「危険な行動」に分ける。

好ましい行動をしたときにはほめ、好ましくない行動をしたときには注目を与えないために無視する、危険な行動をしたときには警告を与える。

講義だけでなく、ロールプレイで同じ悩みを持つ親同士で親役、子ども役を演じることもある。親がほめられる経験をすることで、子どもの考えを理解できるようになるという。

ペアレント・トレーニングとは
ADHDの診断・治療ガイドラインから

対象：子どもが発達障害の診断を受けた親
回数：1回90〜120分、全10回

子どもの行動を**3**つにわけて、対処法を学ぶ

宿題も出され、家庭で実践し、振り返るところまでがセットだ。

欧米のガイドラインでは、ペアレント・トレーニングがADHD（注意欠如・多動症）治療の第一選択として推奨されている。国内のADHDガイドラインでも、薬物療法の前にペアレント・トレーニングなどの心理社会的治療から始めるべきだとしている。

ただ、課題を指摘する声も上がる。

国立精神・神経医療研究センタ

ー発達機能研究室長の石井礼花（あやか）さんは、ペアレント・トレーニングが「まだまだ広がっていない」と指摘する。その理由の一つが、公的医療保険が適用されず、自由診療になっている点だ。トレーニングへの参加費によっては、人件費などが医療機関の持ち出しとなる。石井さんは「支援の選択肢としてニーズはあるが、医療機関のボランティアによって成り立っている部分がある」と話す。

そこで、ペアレント・トレーニングの簡易版として開発されたのが「ペアレント・プログラム」だ。10年ほど前から広がりつつある。

子どもが発達障害と診断されてはいないが、育てにくいと感じている親が対象で、子どもの行動を正確に把握することを主な目的としている。

1回60～90分を3カ月間、全6回行うプログラムが標準という。訓練を受けた保健師や保育士らが支援する。

厚生労働省も家族への支援策の一つとして、2018年度からペアレント・プログラムを実施する自治体に補助金を出している。2018年度は381自治体、2020年度は

510自治体が利用した。

子どもが発達障害かもしれないと悩む保護者向けに、国の発達障害情報・支援センター(http://www.rehab.go.jp/ddis/)や日本発達障害ネットワーク(https://jddnet.jp/)のホームページに相談窓口の案内などが載っている。

2　配慮しない学校、動いた母

次に、学校という環境について考える。学校の勉強がこなせないと泣きじゃくる小学生の娘。それには、学習障害という理由があった。学校に配慮を働きかけ、娘が過ごしやすい環境を探し求めた家族のケースを紹介する。

「自分はバカだ」と暴れる娘

漢字プリントに計算ドリル、日記……。

当時、小学校3年生だった娘（13）は、「学校の宿題を片付けられない」といつも泣いていた。

「なんで宿題をやらないの？」

母（49）が尋ねると、やらないのではなく「できない」という。

運の悪いことに、当時の担任は昭和時代をほうふつとさせる熱血漢だった。宿題ができない理由について娘の言い分に耳を貸さず、「言い訳をするな」という態度だった。いつも、「やればできるはずだ！」とクラスの子どもたちを怒鳴っていた。

でもいくら頑張っても、限界だった。娘は「自分はバカだ」と大泣きし、暴れることもあった。担任に怒鳴り散らされるのがわかっているから、「学校に行きたくない」と口にする朝も増えてきた。

無理して登校させることはない――。母はそう考え、週に2日ほどは自宅で過ごすようになった。

4年生になったとき、娘が宿題をできない原因がわかった。

きっかけは、学校から届いた1通の手紙だった。

手紙には、「教科書の音読がほとんどできない」とあった。

たとえば「とりのひなが……」という文字の間に改行が入ると、意味のまとまりがつかめなくなり「とりのひ、なが……」と読んでしまう。

「カクカクした声に」娘の音読ストレス

朗読をするときは、他の子どもの倍以上の時間がかかる。アクセントのつけかたが自己流で、文節も意味と関係ないところで区切っているという。

娘に聞くと、「スラスラ読めなくて、カクカクした声になってしまう。読めないところは、つっかえて、ずっと黙ってしまう」という。教室で注目を浴びてしまうことも、大きなストレスとなっていた。

米軍基地の近くに住んでいたこともあり、「国際性を育てたい」と2歳から米国人向けの保育園に通わせていた。そのせいか娘は、日本語より英語が得意になっていた。

手紙をくれたのは、通っていた私立小学校の日本語補習クラスの先生だった。

先生に勧められて上智大学に出向くと、ディスレクシアの研究者で言語聴覚士の原恵子准教授（当時）がいくつものテストを用意して待っていた。

知能検査の結果、知的な発達の遅れはないことがわかった。一方で能力の凸凹が大きく、言語能力は高いが、情報処理能力のスコアは低かった。

読み書きの検査では、2年生レベルの漢字は読むことはできたが、書けなかった。習ったばかりの3年生レベルの漢字は、読むことすら難しかった。

文字や単語をどれぐらい正確に読めるか、流暢に読めるかを調べる検査もスコアが低かった。

「たまご」という言葉を聞いて、逆さまに言ったり、「たまご」から「た」を抜いて言ったりする、などの課題でも苦戦した。

「ディスレクシアの可能性が高いです」

原さんは、母親にそう告げた。

「自分はバカじゃなかった」ホッとした娘

ディスレクシアは学習障害（LD）のひとつで、知的発達に遅れはないが、読む、書く、計算する、推論するなどの能力のうち、読み書きが苦手な障害だ。とくにアルファベット語圏に多く、米国では1割前後の人に障害があると言われる。日本でも約2%の児童に診断の必要があるという報告がある。

念のため、英語の読み書きの評価をしているNPO法人EDGE（エッジ）にも相談したが、ここでもディスレクシアという判断だった。

「やはりそうだったか」。母には米国人の友人も多く、ディスレクシアの知り合いが何人かいた。

娘に障害のことを説明すると、娘はホッとしたように言った。

「自分のせいじゃない。自分がみんなよりバカだというわけでもないんだ」

原因がわかったのだから、次は娘の学習環境を支えるために動こう。母は、原さんに依頼して、小学校の担任あてに手紙を書いてもらった。

「単語の読み書きは遅かったり不正確だったりするが、物事を理解したり推論したりする力は十分にある。理解力を十分に発揮するためには、特性に配慮した合理的配慮がなされることが望まれる」
「知的好奇心が旺盛で、興味の所在がはっきりしている。それが生かせるように、ぜひディスレクシアの特徴を理解してほしい」
声に出して読む朗読などの負担を減らして文章の内容理解に集中できるようにすること、質問を読み上げて尋ねる方が本人にとってはわかりやすいことなども提案された。
発達障害の子ども向けに、タブレット端末で内容を読み上げる教科書もあり、活用するのも一案であることも申し添えた。

母親が学校と掛け合った結果、担任は「ご要望に沿います」と応じてくれた。国語は「漢字が書けなくても、読めればいい」、算数の計算プリントは「半分でも、できる分だけ答えればいい」という方針に切り替わった。

「環境が変われば娘も変わる」そう思った矢先に……

5年生になる春、新型コロナの感染拡大で登校する日が減った。娘にとっては渡りに船だった。タブレット端末を利用した授業が導入され、黒板の文字が読みきれなくても、板書ができなくても、乗り切れるようになった。

父も、娘の勉強をサポートするようになった。「パパの算数教室」を開き、いつも30点台だったテストが78点まで上がった。担任はとても喜び、娘もやる気になった。

周りの環境が変われば、こんなに娘は変わるんだ——。変化を目の当たりにした母は、中学校でも娘の特性を理解してもらいたいと、進学予定の付属校の校長と話し合いの場を持った。

だが、返ってきたのは思いがけない言葉だった。

「皆と同じにやってもらいます。義務教育だから中学校は、卒業はさせてあげます。でも高校は単位がとれなければ落第です。どうされますか?」

校長の言葉を聞いた瞬間、思った。

「もう無理だ」

通信制の学校も検討したが、日本語の壁があり難しかった。途方に暮れていたところ、家から通える距離にあるインターナショナルスクールが1校だけ見つかった。

多様な子どもを受け入れるインターナショナルスクールは、発達障害の子の受け入れに慣れているところが多い。日本人でも試験に通れば、入学することができる。

ダメ元で校長あてにメールをすると、すぐに返事がきた。

「とりあえず面談に来ませんか？」

「ここに通いたい」娘の選択

ポロシャツ姿で出迎えてくれた校長は、娘に「手先は器用？」と聞いてきた。学習障害があると、手先が不器用な子も多い。娘はちょうど、紙粘土で作るミニチュアのお菓子づくりにハマっていた。

説明すると、校長は「たぶんマイルドな学習障害ですね。学年には何人もいます。先生も対応に慣れているから、受験しにきてください」と言ってくれた。

その語りかけに娘は感激して、「ここに通いたい」と意欲を見せた。

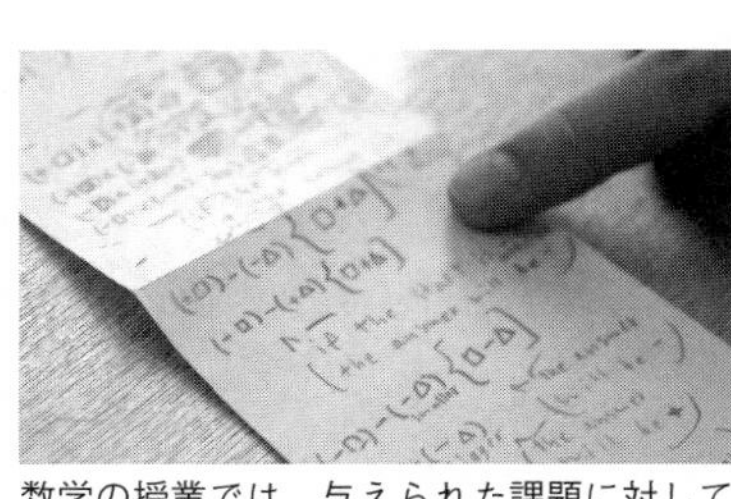

数学の授業では、与えられた課題に対して、自分が覚えやすい数式を独自に作っている。ペンケースに入れていつも持ち歩いている

面接と英文読解、エッセーの試験を通り、2022年4月、晴れて入学した。

学校では、全員がパソコンを手元において授業を受ける。板書の内容が手元の画面で確認できるうえ、文字や行間を拡大することができる。文章のスペルチェックも、パソコンが助けてくれる。

小学校では劣等生だった娘が、今は「学校が楽しい」と笑顔を見せるようになった。

テストではスペルミスもよくあるが、学校側はつづりが多少間違っても意味が理解できていれば「〇」にしてくれる。

母は思う。

「日本語が苦手でインターナショナルスクールを選ぶなど、我が家は相当な特殊ケースだと思います。それでも、ディスレクシアで困っている子どもは大勢いるはずで、診断と支援への理解がもっと広がって欲しい」

娘は今も九九をマスターしていない。それでも、数式には幾通りもの解の導き方があり、自分に合う方法で答えを出せばいい、そんな風に思えるようになってきた。

中学1年生の課程を終えて受け取った通知表は、予想を上回る好成績だった。以前は「ひたすら書くだけだと頭に入ってこない」と言っていたが、近頃は苦手科目にもやる気がでてきた。学校ではランチを早めに切り上げて、漢字練習の時間にあてるようになった。

理科が好きで、鉱物や宝石に興味を持っているため「何かを研究するのが面白そう」と、将来を考えるようになった。

笑顔が増えた娘の成長をまぶしく感じながら、母はこれからも見守っていこうと思っている。

3　大学中退――「おれ、どうする?」からの逆転

明確に「発達障害」の診断がつかないまま大人になり、社会に出る前につまずく人もいる。それでも、支援者と出会い、適切な環境を探すことで、その後の人生を一歩踏み出すこともできる。次は、そんな男性のケースを紹介する。

課題を提出できず、「大学7年生」に

東海地方の男性(26)は高校を卒業後、1年浪人して、晴れて理系の大学に入った。待ち受けていたのは、「なにもかも自由」な世界だった。

時間割を組むのも、残りの時間をどう使うのかも、自分次第。サークル活動に加え、学費や生活費をかせぐためのアルバイトも始めた。

だが1年目から、つまずいた。

複数のことを同時進行するのが苦手な中で、学業が、どんどん遅れていった。

いちばん困ったのが、実験結果などの課題をリポートで提出することだった。

授業には出席しても、結果を文章にまとめるのがおっくうで、ついつい、先延ばしして
しまう。

課題を提出できないから、授業から足が遠のき、ますます課題がたまる。そんな悪循環に陥っていった。

「なんでもいいから提出を」と助け舟をだしてくれる先生もいた。

でも、「適当になんてできない」というこだわりが、ますます提出を遅らせた。

単位が足りずに1年目に留年が決まった。

その後も、アルバイトや、サークル活動を優先してしまい、課題提出は締め切りを過ぎるか、提出しないままで終わった。

気づけば学部生活は6年が過ぎていた。

「大学7年生」になった2021年の夏。もう、どう頑張っても、卒業に必要な単位を取得できないことがわかった。

大学中退――。

うすうすは気づいていたけれど、考えないようにしていた現実を、つきつけられた。

「大学中退して、おれ、どうする?」

中3の春、親から告げられた

男性は、ADHD(注意欠如・多動症)の「グレーゾーン」と言われてきた。

小さいころから、人と付き合うのは苦手だった。興味の無いことにはスイッチが入らないけれど、興味のあることには突っ走る。

保育園のころはいつも、先生と手をつないでいた。

小学校では、授業中、ぼんやり窓の外を眺めたり、授業を聞かずに便覧を読みふけったりした。

「変」と言われても、自分は自分。自宅でブロック遊びやテレビゲームをして過ごすのが楽しかった。


母親はやさしかったが、父親は厳しかった。「姿勢が悪い」「箸の持ち方がおかしい」に始まり、「ながら作業をするな」「ひとつのことを終わらせてから次のことをやれ」「忘れ物がないか確認しろ」と、毎日、「ハンパない頻度」で小言を言われ続けた。

高校進学を目前にひかえた中学3年の3月。両親に呼ばれ、自宅のリビングでチェックシートのようなものを渡された。

A4用紙2~3枚に書かれた項目のほとんどが、自分に当てはまった。

「じっとしているのが苦手」「興味のもてないことにはとりかかりづらい」「うっかりミスや忘れものが多い」

一緒にいたきょうだいの紙には、ほとんどチェックがついていなかった。

「え？　おれだけ？　他の人は違うの？」

書き終えたあと、父親に言われた。

「お前は、ＡＤＨＤの傾向がある。保育園のころに『発達障害かもしれない』と指摘されていたんだ」

医療機関へ相談にも行ったけれど、特別な支援が必要なほど重くないグレーゾーンだから、普通学校に通っていたという。

言われてみれば、これまでのことが全部説明できるな、と合点がいった。

高校進学に合わせての告知は、今思えば、「義務教育までは親が責任を持ってきた。ここからは自分で何とかするように」という両親からのメッセージだったのかもしれない。

だが、そうとは受け止めず、「レオナルド・ダ・ビンチとかと同じやつなんだ。おれって、特別なんじゃね？」とちょっと得意げでさえあった。

大学中退、進む先がわからない

だが周囲の学生たちはみな、普通に就職活動をして、内定を取っていくのに、自分は大学で落ちこぼれた。

もし大学を中退したら、なんの「売り」もない自分に、就職活動ができるんだろうか。前に進まなくてはならないが、先が見えない。どう進めばよいのかも、目的地もわからなかった。

その時、ふと思い出した。最初に留年が決まった大学2年目の時、学部の教員に促されて学生相談室を訪ねた。

そこで、カウンセラーがかけてくれた言葉があった。

「たとえ、卒業じゃなくて、中退するようなことになった時でも、紹介できるツテがあるから。困ったら、相談に来て」

その言葉を思い出し、相談室を訪ねた。カウンセラーは「思い出してくれて、ありがとう」と言ってくれた。

そしてその場で、外部の支援機関を紹介された。障害のある学生の就職を支援している「サステイナブル・サポート」という一般社団法人だった。

最初は「あやしそうだな」と思った。でも、他に訪ねる場所も見つからず、10月ごろ、足を運んだ。

学歴としては「失敗」だけど

対応した代表の後藤千絵さん(42)に、これまでのいきさつを話した。

奨学金の返済があるので働きたいこと、中退と共に下宿を引き揚げる必要があること、でも父親とは折り合いが悪いので実家には帰りたくないこと。

話し合って、大学を去る3月末までに就職を決めることを目標にした。

後藤さんは話を聞きながら、男性が得意なこと、不得意なことを把握していった。

スケジュール管理が苦手なこと、大変そうなことは後回しにしがちなこと。でも、アルバイトの経験があって、働きたいという意識は高いこと、理系の素地があるので、ものづくりは向いているかもしれないこと。

そこで、製造業の職場での、職場体験を提案した。

男性の身の回りに、製造業で働く大人はいなかった。師弟制度のような世界で、上下関係が厳しいのではないか、いつも怒鳴られるんじゃないか、単純作業を繰り返すだけなんじゃないか。そんなステレオタイプを持っていた。でも実際に職場に行ってみると、イメージとはまったく違っていた。想像以上に専門性や技術力が必要な仕事で、職場の雰囲気も、あたたかかった。

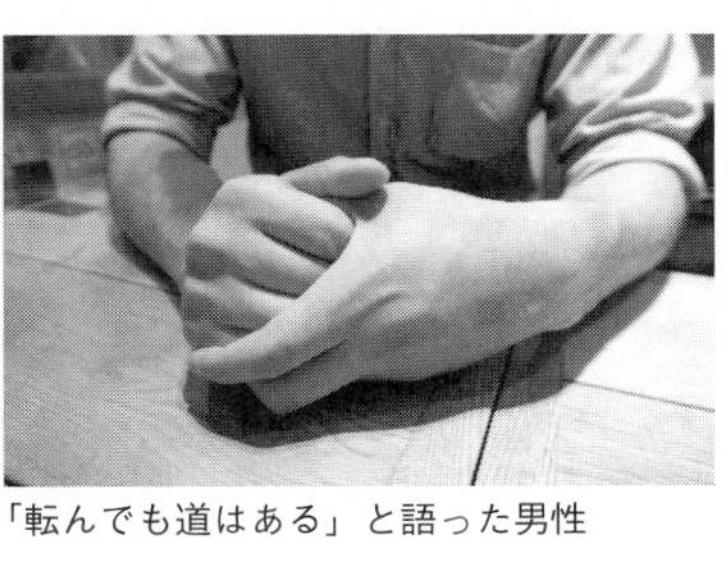
「転んでも道はある」と語った男性

「ここなら、働けそうだ」と思った。

面接を経て、就職が決まった。「ひろってもらいました」と男性は笑う。

4月から、働きはじめている。まだ新人なので、今は決められた仕事をもくもくとこなす。同僚同士で個人的な事情に踏み込むことはなく、アフターの強要もない関係性が心地よい。

「レールを踏み外しても道はある。大学を出て就職をする、という世界しか知らなかったけれど、それ以外の道があると気づけてよかった」と男性は言う。

「でも、人生を転んだときの起き上がり方って、意外と知らないんですよね。そういうときにどこに頼ればいいのかわからなかった。頼れる先がもっとあったらいいな」

「学歴」としては失敗だけど、人として少し強くなれた気がする。

最近、知人に言われた。

「昔より、顔つきがよくなったね」

＊

グレーゾーンの大学生を支援する仕組みがほとんどない現状

日本学生支援機構の全国調査によると、発達障害やその傾向があり、大学などの高等教育機関が教育上の配慮を行う学生は近年増加傾向だ。２０１０年度の約３千人から、２０

20年度は約8千人に増えた。2019年度に卒業したこれらの学生のうち、進路不明の人は1割前後いて、診断書のない学生のほうが割合は高かった。

高等教育機関を中退した人が正社員の職を得られる割合は、わずか1割との調査結果もある。

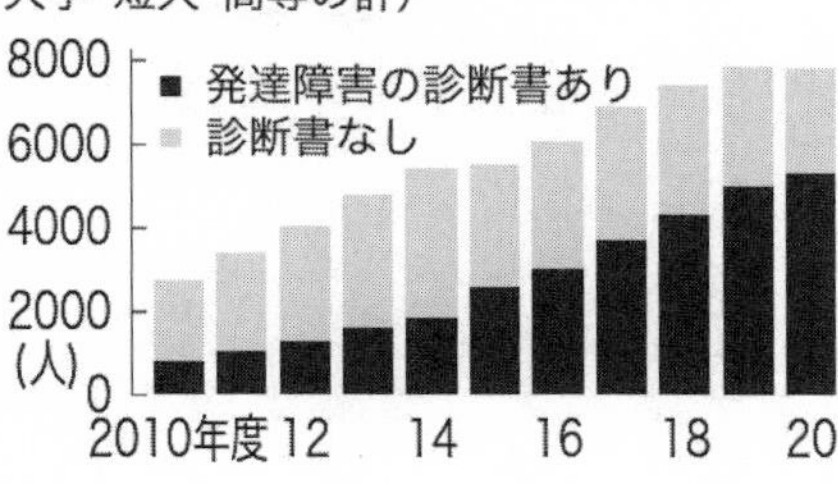

一般社団法人サステイナブル・サポート（岐阜市）は2017年から、障害の診断書がある学生だけでなく、診断書のない「グレーゾーン」の学生の就職支援にも力を入れてきた。面談をして、特性を見極めて職種を提案し、職場体験を通して、特性に合った就職先へとつないでいる。

代表の後藤千絵さんは「グレーゾーンの大学生を支援する仕組みが、現状ではほとんどない。つまずきがちな学生を大学が把握し、外部の適切な支援機関につなげる仕組みづくりが必要だ」と話す。

4　得意分野を生かして「再構築」

最後に、職場環境について考える。高い英語スキルを持ちながら、悩んだすえ、「環境の整った」職場を選んだ男性のケースを紹介する。

「学校に行けない」大学院での苦悩

2014年4月の夕方だった。

暗くなり始めたリビングで、大学院生だった男性（32）は電気もつけず、ソファにうずくまり、ガタガタと震えていた。

パートの仕事から帰宅した母が、驚いて声をかけると「お母さん、ちょっと、学校に行けない。修士論文が、間に合わない」と声をしぼりだした。

母がわけを尋ねると、せきを切ったように話し出した。

大学院でのけ者扱いされていること。大学生活も、就活もうまくいかず、布団をかぶって泣いていたこと。高校生の時も、子どものときも、ずっとずっとひとりぼっちだったこと……。


「みんなが僕をバカにする」

その日を境に、言葉が、でなくなった。

小さいころから、自分は他の人と違うのかな、とは感じていた。

同級生の雑談に、自分だけ入れない。せっかく輪に入っても、周りの音に気を取られたり、一生懸命受け答えを考えたりしているうちに、いつしか次の話題へとうつっていた。

小学5年から7年間過ごしたアメリカでも、話そうとすると「え？　何言ってるの？」と、嫌な顔で何度も聞き返された。

昼休みはいつもひとり。トイレの個室でランチを食べる日もあった。

ひとりのほうが気楽だけど、「ふつう」になりたい気持ちもあって、揺れ動いた。

帰国後、英語だけで受験ができる超難関の私立大学に合格した。実家を離れて学生寮に入り、サークル活動も始めた。

「新しい自分」をスタートできると思った。両親にも「大学生活を楽しんでいる」と伝えていた。


でも、現実はそんなバラ色じゃなかった。

雑談できずひとりぼっち、つまずいた就活

寮生活でも、気づけばひとり。サークルの仲間とも、どうも話がかみ合わない。

「ちょっと、変わってるよね」。周囲のささやき声に、「もうこの場所にはいられない」と落ち込んだ。

就職活動にもつまずいた。

逃げるように、大学院に進んだ。研究なら、人とあまりふれあわずにひとりでできるかもしれない。

でも、無理だった。

研究室でも、学会発表でも、高いコミュニケーション力が求められた。雑談ができず、研究室のメンバーともなじめなかった。

「何も言わないの？」「つまんないな」

何げない言葉が、陰湿なバッシングに聞こえた。

研究テーマがなかなか定まらないことも追い打ちをかけた。論理的に組み立てて話しているつもりなのに、教授の質問には答えられなかった。

もうダメだと思った。どこにいても、人との関わりがついてまわる。だけど、自分にはそれができない——。2年生になる4月、「頭が爆発」した。言葉を発することが怖くなり、初めて母親に打ち明けた。

「自閉スペクトラム症の可能性が高い」

ソファにうずくまる男性に、母は尋ねた。

「音に敏感とか、こだわりが強いとか、周りがみえなくなるとか、そういうことある？」

男性は「全部あてはまる」と言った。

母にとっては、青天の霹靂（へきれき）だった。一方で、発達障害の知識が少しあったこともあり、思い返せばあてはまる節もあった。

すぐに近くの精神科クリニックを訪ねた。「自閉スペクトラム症（ＡＳＤ）の可能性が高い」と、診断を受けた。

発達障害……。ショックだったが、安堵（あんど）感もあった。と同時に、これから先、ますます生きづらいだろうなと感じた。

家族にもほとんど言葉を発することができない状態で、月２回、クリニックに通い始めた。

あるとき、医師の提案で「筆談」がはじまった。「思っていることを何でも書いてみて」
そう言われ、これまで苦しかったことや、周囲へのうらみつらみ、誰にも言えずにためていた思いの丈を、Ａ４用紙にびっしりと書いて、クリニックに持参した。

そんな男性にとっての生きがいは、週2回ほどの子ども向け英語講師のアルバイトだった。子どもたちは、自分のことをバカにしない。子どもたちの前でだけは、話すことができた。

それ以外は、自室にひきこもって過ごす日々が続いていた。
ところが通院を始めて3年ほどたったころ、先方の事情で、英語講師のアルバイトがなくなることになった。

バイト失い、就職を考えたが……

クリニックのソーシャルワーカーの勧めで、障害がある人の就労を支援する民間の就労

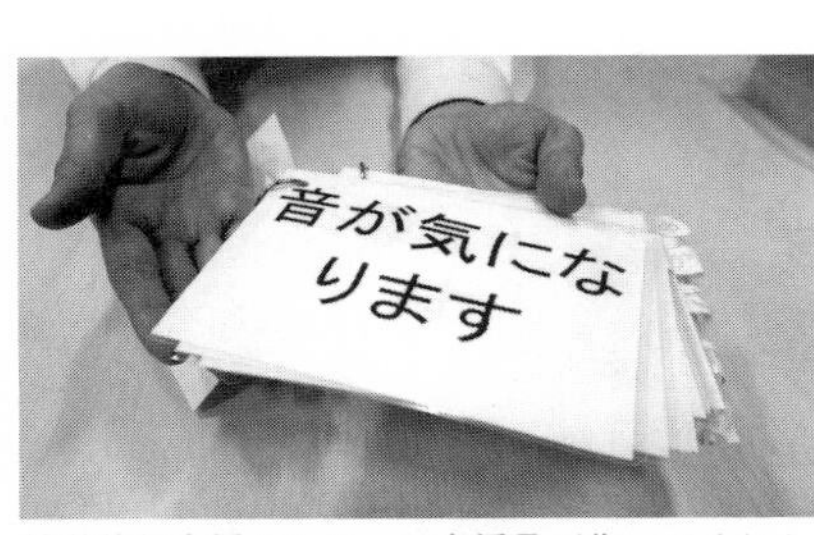

就労移行支援センターで支援員が作ってくれた言葉のカード。50音順にインデックスをつけて使っていた

移行支援センターに通うことになった。

はじめは、部屋の片隅で壁に向かい、パソコンに向かうだけだった。「それでもいい」とセンターは受け入れてくれた。休むことなく週5回、通い続けた。

男性は、その日の活動や、感じたことを手のひらサイズのメモ用紙に書いて、支援員に見せた。話すことができない自分のために、担当の支援員は「はい」「いいえ」などの言葉を書いたラミネート板を用意してくれた。

センターに通い始めて1年ほどがたち、1冊目のメモ帳が終わったとき、支援員が言った。「この1年は、必要な時間だったと思うよ」

センターの利用期限は原則2年。「まだあと1年あるから、がんばりましょう」。自分のことをこんなに真摯（しんし）に考えてくれる人がいるのかと、涙が出た。

「やってみます」

気がつくと、声を出して答えていた。

それから、就職先を探しはじめた。

英語力を生かして翻訳の仕事につくことも考えたが、職場体験で訪れた会社は、障害者雇用の経験がなく、冷たかった。「居るか居ないか分からないような存在だが、居てもかまわない」。会社の報告書にはそうあったと聞き、愕然(がくぜん)とした。

就職に際し、何を一番優先にするか。支援員と話し合い、たどり着いた答えは「職場環境」だった。まずは障害に理解のある会社で働くことを目指した。

2018年、東京海上グループが障害者雇用を進めるためにつくった特例子会社「東京海上ビジネスサポート」の職場体験実習に参加した。

障害がある人は法律に基づき、働きやすくなるよう環境を調整する「合理的配慮」を企業に求めることができる。実習を前に男性が求めた配慮は、多岐にわたった。

45〜60センチ離れた場所から話しかけてほしい、耳栓を許可してほしい、受け答えに数十秒時間がかかるが待ってほしい、後ろを人が通ると不安になるので配慮してほしい……。

実習中は緊張して、ほとんど話すことができなかった。雇用を前提にした次の段階には進めなかった。

ところがその数カ月後、会社から電話がかかってきた。大阪支社が、海外のドキュメンタリー番組の取材を受けることになり、英語の通訳を手伝ってほしいという。

得意の「英語」がつないだ未来

「縁かもしれない」と感じ、引き受けた。

その日は、ここ数年の中で一番言葉を話した日になった。無心になって英語を日本語に、日本語を英語に。「自分もやればできる」。そう思えた。

その後、2回目の実習に参加した。受け答えにはまだ時間がかかったが、今度は後ろを人が通っても、60センチ以上近づいて会話をしても、大丈夫だった。

2019年、東京海上ビジネスサポートに採用された。28歳にして、初めての就職だった。

保険契約者への書類の封入や発送が主な仕事だった。仕事の内容そのものは難しくなかったが、報告や連絡に時間がかかり、業務が滞ってしまうこともあった。

そんな時も、職場の上司は怒らず、否定せず、話を聞いてくれた。「難しいですよね。どうしたらいいと思いますか」と、よりよくなる方法を一緒に考えてくれた。

「思ったことは悩まずに、少しくらい内容が抜けていてもいいから、まず口に出してみよう」「結論から先に言うと伝わりやすいよ」。そんな助言がありがたかった。

上司のアドバイスや、同僚たちの姿を見ながら、文章を区切って、相手の反応を待ってから次のことを話すことを練習した。

少しずつ、自然な会話のキャッチボールができるようになっていった。

働き始めて半年ほどしたころ。ふと、自分の英語力のレベルを知りたくなった。TOEICは945点、英検1級も学生時代に取得していた。そこで、国内最高峰といわれる英語検定「国連英検」に挑戦することにした。

筆記試験につづき、二次試験では、国際情勢をテーマに英語でディスカッションもした。

最難関の特A級に一発で合格し、またひとつ、自信がついた。

英語力の高さは社内でも知られるようになり、英訳の仕事を時々任されるようになった。日々の仕事も、翻訳の仕事も、精いっぱい向き合っている。

もっと自分のスキルを生かせないか、悩んだこともある。でも、理解ある環境で長く勤めることが、今の目標だ。

休日は競技用自転車にのってあちこちサイクリングする。2022年は大阪から東京まで、3日間かけて走破した。やると決めたことは最後までやり遂げる。そんな「自分らしさ」を、今は大事にしている。

「今は、自分を再構築している感じです」

特例子会社とは

特例子会社とは、障害者の雇用に特別な配慮をした子会社を指す。雇用される障害者が5人以上、全従業員に占める割合が20％以上、などの一定の要件を満たした場合に、厚生労働相が認定する。この子会社で雇用した障害者は、親会社の雇用とみなして雇用率に合算できる。2022年6月1日現在で全国に579社あり、約4万4千人の障害者が雇用されている。

特例子会社は年々増加傾向にある。ただ、業務内容が限られる会社も少なくない。特性を抱えながら希望の職種につけるかどうか。そこにはまだ、社会的な高いハードルがある。その点については次章で考える。

Interview

発達障害は「キーボードの不具合」

——岡嶋裕史さん（中央大学国際情報学部教授）

集団にうまく交ざれない——。『大学教授、発達障害の子を育てる』の著者で、中央大学国際情報学部の岡嶋裕史教授は、長男のそんな姿を知ってはじめて、発達障害という現実に向き合ったといいます。周囲との関係が障壁となる発達障害。ご自身も「グレーゾーン」という岡嶋教授と、「発達『障害』でなくなる日」は来るのか、考えました。

家では気づかなかった

——お子さんが自閉スペクトラム症（ＡＳＤ）とわかったのはいつですか。

３歳くらいです。もともと静かな子で、生後半年くらいのころから、葉がゆらぐのを一日中ずっと見ていても飽きない子でした。少しおかしいなとは思っていたんですが、双子の姉との関係性だけを見ていると、意思疎通もできているし仲良くやっているし、困難を抱えているようには見えなかったんです。

ところが、もう少し他の子どもたちと関わりをもとうと、幼児教室に通い始めてから「あれ？」と思う瞬間が増えました。

——どんなことに違和感を？

集団の中に交ざると、「あれ、はいはいが遅いな」とか「あれ、座っていられないな」とか、「他の子たちが普通にできていることができない」ということが見えてきました。

それでも、自分の子に障害があるなんて思いたくないですから、なんとなく見過ごしていました。

決定打は、教室の担当者に「公的な機関に受診されてはいかがですか」と言われたことです。ああ、そういうことか、基準値から相当に外れているのか、と思いましたね。

——集団に入って障害に気づいた。

家では気づきませんでしたが、集団には交ざりにくい。知らず知らずに人を怒らせたり、うまく疎通できなかったり。言葉も遅くて。単独で生きている分には苦労しないかもしれませんが、人間って社会性を持って集団で生きていく生き物なので、集団にうまく交ざれない、友達とうまくやれないっていうのは、ものすごく困難だろうなと思います。

病院では、明確な診断には至らず、「発達障害児と遜色ない」というグレーな表現でしたが、今後見守りが必要ですね、普通の幼稚園は難しいかもしれないので、療育施設（障害のある子どもの発達を支援する施設）に入りましょうと言われました。

コンピューターに例えると入出力装置にちょっと不具合

――ショックでしたか？

困ったな。どうなるのかな、と思いました。マニュアルがないんですよね。

定型発達のお子さんは育児書があるけれど、障害のある子どもは将来どうなっていくのかとか、この月齢、この症状の時に何をすればいいだろう、というのが分からなくて。

療育施設を勧められたときは、行くべき場所がはっきりした安心感もありました。

――療育施設ではどんなことを？

「わからないなりに、集団に交ざれる」ことを目標に練習をするイメージです。

僕はコンピューターが専門なのでコンピューターに例えると、知的の障害のある方は、CPUにトラブルを抱えている。一方で発達障害、特に自閉スペクトラム症のお子さんは入出力装置にちょっと不具合があるんだと思っています。入ってくる情報がゆがむ、出て行く情報がゆがむ。

怒られた、という入力に対して、普通は謝る、という出力があるのに、障害がある子だと「どこかへ行く」とか「何も感じない」という出力になってしまう。ディスプレイやキーボードに不具合があるパソコンって、なかなか使いづらいですよね。

そこを、アプリオリ（生得的）に理解することはできなくても、「正しい」出力を返せるようにするための練習をするのが療育なんだと思います。

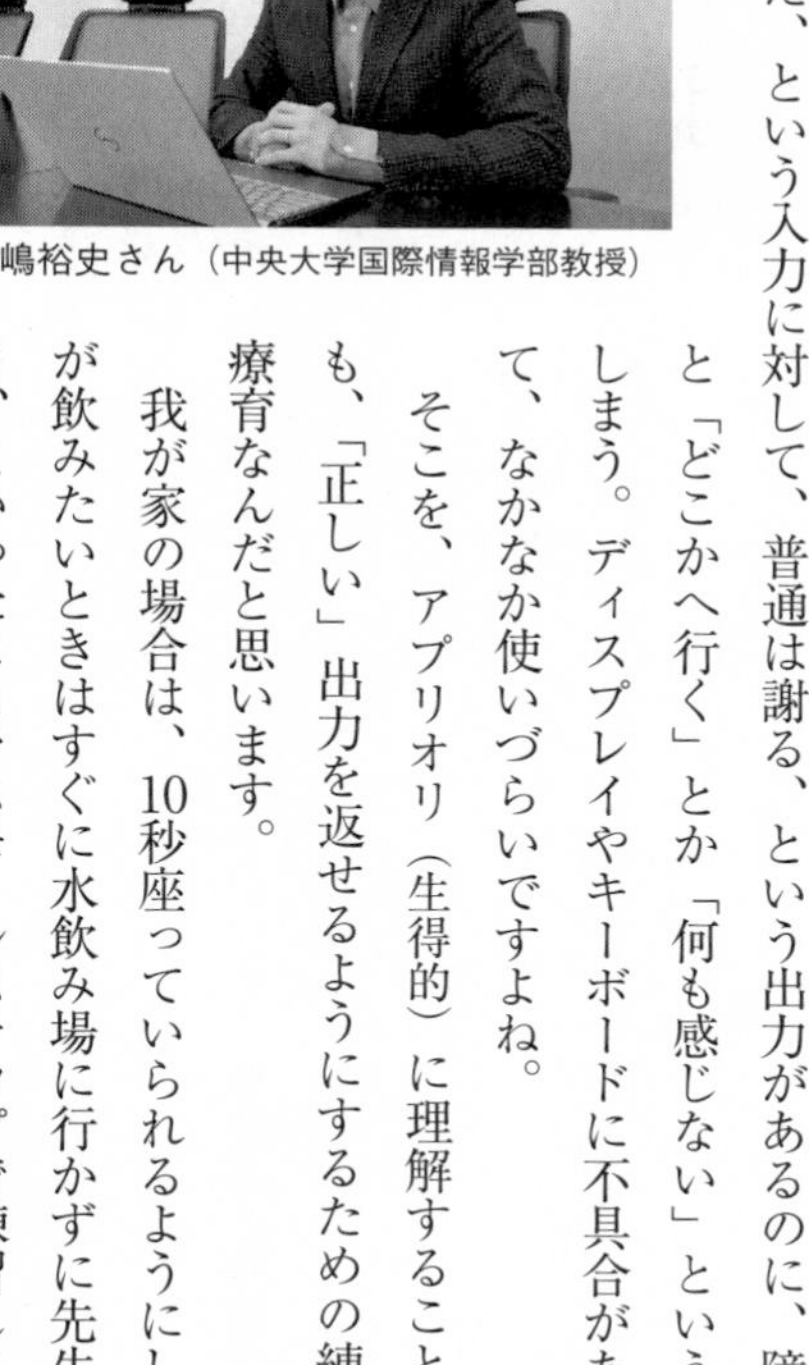
岡嶋裕史さん（中央大学国際情報学部教授）

我が家の場合は、10秒座っていられるようにしましょう、水が飲みたいときはすぐに水飲み場に行かずに先生に言いましょう、といったことをスモールステップで練習しました。社会で求められる出力を強化していって、こういうときにはこうすればいいんだっていうことを身につけていく、という感じでしょうか。

「障害児の施設」です、と言われると最初は不安かもしれません。僕も初日は、「なんか遠いところまできちゃったな」と思いながら行きましたが、実際は全然違って楽しいところでした。親が付き添わないといけない、という点だけはとても負担でしたが。

自身も「溶け込みにくかった」少年時代

――ご自身も発達障害の特性があったそうですが、今や大学教授です。どうやって乗り越えてきたのですか。

僕も子どもの頃から、人の表情や気持ちを読み取るのが苦手で。意味ありげな目配せの意味がわからない、などのちょっとしたことの積み重ねですが、暮らしにくいな、溶け込みにくいな、ということは感じていました。

「普段と違う」ことが苦手だったので、運動会とか遠足とか、イベントは大嫌い。帰属意識が希薄なので、すぐ休むし、周りから見たら完全に社会不適合な子どもだったなと思います。

それでも、中学校に通ったり、大学に進んだり、嫌だなと思いつつ場数を踏んだりするうちに、経験値がたまって「よくわからないけど、ここではこういう振る舞いをしとけばいいんだ」と分かってきました。

――著書では、その振る舞いを「キャバクラトーク」と表現されていましたね。「すごいですね！」とか「勉強になりました！」と全肯定で相づちをうって、相手に早く気持ちよくなって引き揚げてもらうという……。

おそらく、時間はかかっても場数を踏むことでなんとか回せちゃうのは、グレーゾーンにとどまっているからだと思います。

人より発達がゆっくりで、苦手分野が多くて、いわゆる凸凹の状態になっていても、「この場面ではこう行動する」ということをなんとか自分で身につけていけるのがグレーゾーンのお子さんだと思うんです。

一方で、特性がより色濃くて、すぐに明確な診断がつく人は、いくら経験を積んでも、自力で健常者と同じ水準に達することは難しい。だから障害であって、誰かの助けが必要なんだと思います。

人との対話、苦手なら動物でもいい

――明確な診断には至らないけれど、発達の特性があるグレーゾーンの子にとっても小学校は過酷で、場数を踏むことをあきらめて不登校になる子もいます。

日本の社会って、標準といわれる範囲から外れたことをあんまり許さないというか、厳しい社会ですよね。だからグレーゾーンの子が増えているのかなと思います。社会の厳格さ、厳密さのようなことも、関係していると思います。結局、社会との関わりで決まっていく障害ですから。

場数を踏むことをあきらめるのはもったいない。僕も、高校はしんどいから行きませんでしたが、「あのとき嫌でも行っていれば、もう少しコミュニケーションが上手になったかな」と思うことは今でもあります。一方で、嫌なところに通い続けて二次障害が出てしまう人もいるので、難しい。

そんなにストレスなく場数を踏めるなら踏んだ方がいいけれど、それで壊れちゃうぐらいなら、むしろ踏まなくていいって僕は思っています。

とはいえ、人間である以上、他者とのコミュニケーションはやはり大事です。人間が苦手だったら最初は動物、犬や猫やハムスターでもいいと思うので、自分ではない他者とかかわる。慣れてきたら、すごく年上の友達をつくる、なども大事かなと思います。

何でも受け入れてくれる余裕のある高齢の人の存在って、自閉傾向の子どもたちが場数を踏むために、とてもありがたいと思います。

「メタバース」は発達障害の子にとって福音に

――ご自身はコンピューターと対話していたそうですね。

そうですね、コンピューターに人格を感じている時点ですごく危ない人なんですが、時々によって反応が変わる人間と違って、コンピューターは論理的に命令をすれば論理的な反応が返ってくるので、好きでした。

現実の世界で人とコミュニケーションをするのは無理だけれども、ゲーム的な世界や仮想空間で、アバターを通してなら、うまく相手の気持ちを読み取って自分を表現できるのであれば、それも選択肢の一つかなと思います。メタバースのような世界は、発達障害の子にとって一つの福音かなと思っています。

実写の世界って情報が多すぎて、そこから構造化された情報を読み取るのはけっこう難しい。でも、二次元の世界は情報が少なくて整理されているから、障害がある子にとってわかりやすい世界でもある。

「笑う」というボタンを押せば、「笑う」が相手に伝わりますから。だから、そういう世界で自信をもって過ごせるなら、それもありだと思います。

――他者とコミュニケーションをとることは、やはりあきらめない方がいい。

人間である以上は、そうだと思います。さりとて、本当に重度で、周囲の人がコミュニケーションにつきあうのがしんどい状況なら、仮想空間に入って周囲をＡＩで固めてしまうのも、ありかもしれません。会話型のＡＩも進歩しています。その人の特性に合わせて会話の相手になってくれれば、外界とまったく関わりを持たないとか、何をやっても怒られる状態よりは、ひょっとしたら幸せなのかもしれません。

――周囲とのコミュニケーションに困難を感じなければ、その人にとって、発達障害は「障害」では……。

なくなりますよね。

親はどんどんかかわって

――もう少し身近なところで、「うちの子、大丈夫かな」と思ったときに、親や周囲はどのように環境を整えたらよいでしょう。

本人が情熱を燃やせるもの、どんなささいなことでもいいので自信を持てるものと出会うきっかけをつくってあげることは、大事だと思います。嫌がられると思いますけれど、どんどんかかわった方がいい。特に自閉傾向の子は、自分から世界を広げていくのが苦手ですから。

何をやってもうまくいかない敗北の体験を積み重ねてしまうのは、人格形成にとって良くないと思うんですね。「マインクラフト」でも「レゴ」でもいいので、自信の持てるものができると、社会との関わり方も変わってくるんじゃないかなと思います。

高校生になった僕の子どもは戦史が好きで、そこにすごい自信を持っています。だんだん僕も知識では追いつけなくなってきています。さすがに外ではＴＰＯを考えて、会話を選んでいるようですが。

ある程度「合理的な区別」は必要

――社会に求めたい配慮はありますか。


最近は、障害は個性の一つなので、障害をもちつつ生きていけるインクルーシブな社会を目指そうと言われていますよね。

それは正しいし正論なんだけれども、人間の中のどうしようもない本質の部分で「うっとうしいな」「配慮してあげないといけないことが増えて嫌だな」と感じるのは、ある程度仕方のないことだと思うんです。やはり困難があるから障害者と認定されているわけで、みんなが広い心で包摂したからといって何でもできるわけではない。

だから、ある程度「合理的な区別」は必要かなと個人的には思っています。ただ、区別をすると「イコール差別」という捉え方が浸透しているので、そこは今後の課題だと思っています。

当事者として、保護者としては、変なことをしていてもちょっと見逃してくれるといいな、と思います。「手をさしのべて欲しい」だとハードルが高くなってしまうし、こちらもそこまで期待していないけれど、変なことは障害の特性でとめられないので、ちょっと目をつぶっていてくれると、それだけで気持ちが楽になる。

そういう雰囲気が社会の中に浸透していくと、みんなにとって居場所がある世界になっていくのかなと思います。

おかじま・ゆうし　1972年、東京都生まれ。富士総合研究所勤務などを経て、中央大学国際情報学部教授。『大学教授、発達障害の子を育てる』『メタバースとは何か　ネット上の「もう一つの世界」』（ともに光文社新書）など著書多数。

第4章

合理的配慮とは
——企業の現状と課題

発達障害者支援法が2005年に施行されて20年近くになる。「発達障害」という言葉への認知は広まってきた。一方で、発達障害の特性を抱える人が、一般の企業で働くことにはまだ高いハードルがある。「業務に過度に集中してしまい、その後で疲弊してしまう」「空気が読めず、会議の場で遠慮無く口を挟んでしまう」など、特性によりもたらされる行動が周囲に理解されず、心身の不調に陥ったりトラブルに発展してしまったりする例が後を絶たない。

ここでカギとなるのが、「合理的配慮」や「環境づくり（環境調整）」というワードだ。

本章では、障害がある人とそうでない人が双方気持ちよく働ける環境づくりの可能性について模索しながら、発達障害が、社会で生きていくうえでの障壁にならない日はくるのか考えてみたい。

1　合理的配慮とは何か

過重な負担にならない範囲で、各自の希望に応じた配慮を提供

合理的配慮は、２００６年に採択された国連の障害者権利条約に盛り込まれた考え方だ。英語では「リーズナブル・アコモデーション」という。障害がある人が社会で生きやすくなるよう、ルールを柔軟に変えるなど、平等な機会を確保することで、社会の側にある障壁を取り除くことを言う。提供する側にとって過重な負担にならない範囲で、一人ひとりの希望に応じた配慮を提供することを指す。

たとえば、目の見えない人の希望に応じて、レストランでメニューを読み上げる、といったケースがこれにあたる。一方で、多数の利用者のために店にあらかじめスロープや多目的トイレを設置することは環境整備で、合理的配慮にはあたらない。

条約では、「合理的配慮の否定は差別にあたる」と定められた。日本は2007年に条約に署名し、2014年に条約を批准。その間に国内法が整えられ、2016年には合理的配慮の提供について盛り込まれた改正障害者雇用促進法と、障害者差別解消法が施行された。

合理的配慮を「誰が」「誰に」提供するのかは、法律によって少し異なる。差別解消法では、「誰が」は行政機関や民間の事業者、「誰に」はそのサービスの利用者が対象となる。民間の事業者についてはこれまで、客への合理的配慮の提供は努力義務だったが、2024年4月からは法的義務になる。

雇用促進法では「誰が」が雇用主で、「誰に」は従業員になる。就職活動などの場面のほか、働いている人が採用後に合理的配慮を求めた場合も、雇用主は配慮をすることが義務づけられている。

ただ東京都が2021年、18歳以上の都民約500人を対象に「合理的配慮の提供」を知っているかどうかをアンケートしたところ、約7割が「知らない」と答えるなど、浸透しているとは言えない。また、法律に違反をしても罰則はない。

誰もが働きやすい職場づくりを目指して動き出す企業もある。都内の数社が参加したワークショップでは、発達障害の特性を持つメンバーが参加するという設定で、チームで一つの課題に取り組み、気づきを語り合った

こうした現状もあり、発達障害の人が職場で合理的配慮を求めても、企業から理解されない事例が相次いでいる。

職場でなされるべき「合理的配慮」が満足に得られないまま、職場内でも労働組合でも解決策を見いだすことができず、問題解決を求めた要請が法廷に持ち込まれることも少なくない。

あらかじめ、発達障害があることを開示して就職活動をして採用されたにもかかわらず、配属された部門の上司に障害への理解がほとんどなかったケースもあれば、就職活動時に門戸を狭めたくないとして障害があることを伏せて入社試験を受け、働き始めてから深刻なトラブルが起きるケースもある。

背景に「発達障害」そのものの難しさも

その背景には「合理的配慮」という概念の難しさと、「発達障害」そのものの難しさがある。

たとえば、法律が定める合理的配慮には「提供する側の過重な負担にならない範囲で」という条件がある。何をもって過重な負担と捉えるかどうかの判断は難しい。

また発達障害は、身体の障害とは異なり外見からはわかりづらく、困りごとも多種多様だ。特性上、自身が何に対しどのように困っているかを言語化したり、解決方法を整理して提示したりすることが苦手な人も多い。

こうしたボタンの掛け違いが、合理的配慮の提供をめぐる訴訟にもつながっている。

一方で、裁判が相次ぐことは社会が変わるきっかけにもなる。法律に基づいて合理的配慮を求めることができるのは、「障害のある人」に限られる。だが、子育てや介護、他の持病があるなどで、働いたり、生活したりするなかで不便を感じる人は少なくないはずだ。

本質を見極めた上で、合理的配慮を柔軟に提供できる社会や企業が増えれば、誰にとっても生きやすい社会、働きやすい会社になる可能性がある。

Interview

マイノリティーが社会を変える

――川島聡さん（放送大学教授）

「わがまま」と捉えられがちな発達障害の人が求める合理的配慮に応えることは、社会を変える突破口になる――。障害のある学生の支援にも長く携わり、『合理的配慮　対話を開く、対話が拓く』の共著もある放送大学教授の川島聡さん（障害法）はそう言います。

合理的配慮は、機会平等を保障する

――「合理的配慮」という言葉は、とてもわかりにくいです。

合理的配慮とは何かというと、「バリアフリー」なんです。

バリアーとは、社会の側にある障壁です。たとえば、偏見（心のバリアー）や段差（物理的なバリアー）、文字や音声（情報コミュニケーション上のバリアー）、法制度のバリアーなどがあります。こうした社会の側の障壁を取り除こう、ということです。

――どうやってバリアーを取り除くのでしょう。

バリアフリーの方法には二つあって、一つは、個人からの申し出がなくても、あらかじめ環境を整備しておくものです。

あらかじめ字幕をつけておくとか、お店の入り口を車いすでも通りやすいように変えておく、などが一例です。ユニバーサルデザインなどもそうですね。

もう一つは、障害者本人から依頼や申し出があった場合にバリアーを取り除く方法で、これが、合理的配慮です。「個々人のために」「個々人の希望に応じて」というところがポイントです。あらかじめ環境整備をしておいても、こぼれ落ちてしまうようなニーズをすくいとるものです。

――つまり、発達障害の人が合理的配慮を求めるのは、わがままではない、と。

発達障害は、環境との関係でいろいろな症状が出ますし、まさに「スペクトラム」（連続していて範囲が広い）ですから、「この場合は、こう」と特定できないこともあるわけです。合理的配慮は、わがままへの対応ではなく、法律がその人の状況に応じて、機会の平等を保障するためのものなのです。

合理的配慮には条件もある

――では、どんな配慮でも、求めれば認められるのでしょうか。

そうではありません。法律で認められている合理的配慮には、「相手に過重な負担を課さない」という条件があります。

「『べし』は『できる』を含意する」という格言があるんですが、たとえば足の不自由な人に「走るべきだ」といっても、それは嫌がらせになってしまいます。同様に、企業ができないことまで配慮するよう法律は命じていません。

「できるならすべきでしょう」「できるのになんでやらないの」というのが、合理的配慮です。

――思いやりの心で解決できるのでは、という気もするのですが。

もちろん、思いやりによって合理的配慮が成立する場合もあります。でも、それだと相手の気分次第で、自分の生活が左右されることになりますよね。

そうではなく、他の人と平等に、社会参加する機会を保障する。その装置として、法律があるわけです。

闘うことで、社会が変わる

――この概念は社会に浸透しているのでしょうか。

川島聡さん（放送大学教授）。写真＝本人提供

浸透は……そこまでしていないと思います。でも仮に浸透していても、紛争は起こります。セクハラやパワハラもそうですよね。

大切なのは、法律があるから紛争化できるということです。泣き寝入りするのではなく、闘おうと思えば闘える。障害のない人というマジョリティーが支配的な社会の中で、紛争を起こせるということは、それがきっかけになって社会が変わることにつながります。

その意味で、紛争は社会的には非常に重要な営みと考えることもできます。ただ、不要な紛争はないほうがいいですよね。紛争を防止し、なくしていくためには、立場の弱い人に我慢を強いるのではなく、社会的な障壁を取り除くことで実現することが重要です。

――どういうことでしょう。

障害のある学生さんの中には、実際に「もうこの大学、何言ってもダメだからもうええわ」と言って、諦めてしまう人もいます。

でもよくよく考えたら、学生さんが言っていることは法律上、当然の主張なんです。学校側の理解がなくて、諦めてしまっているのです。

企業も同じです。「こんな企業に言ったってダメだし、逆に目をつけられて、ハラスメントにあいたくない」と言って我慢してしまうこともある。我慢すれば紛争は起こらずにすみますが、紛争の妥当な防止や解決ではありません。会社は、当事者の主張をまず受け止め、障壁をどう取り除いていくかを一緒に考えなければなりません。

法律をつくっただけではダメ

――そのためには、対話がカギですね。

対話は必要ですが、実は対話を適切にコーディネートする人の存在が重要です。当事者同士だと、感情的なもつれからケンカになってしまうケースでも、仲介役が入ってうまく調整すると、対話が円滑に進みます。

そうはいっても、日本の企業の場合、社内の相談窓口に相談したら、もっと居心地が悪くなった、という現実もありますよね。「立場が弱い人は我慢しろ」という風潮がどうしても残っています。

自分が壊れてしまう前に「逃げる」ということも、緊急避難的には一つの選択肢だと思います。

――逃げてもいいのですね。

ただ、ダイバーシティー&インクルージョン（多様な人材を受け入れ特性を生かす）という観点からも、今後は多様な人と一緒に働いていく時代になります。みんなが逃げてしまっては、持続的ではありませんね。仕事の適性があっても合理的配慮が受けられず、働けない人が増えれば、社会の活力もそがれます。だから対話ができるような社内風土をつくること、そして調整する仕組みを置くことが必要だと思います。

――対話を重ねても訴訟になることもあります。

万能薬はありません。「不当だ」と裁判で訴えざるをえないこともあるでしょう。それをメディアが伝えることを重ねる中で、「そういうことをしてはいけないんだ」という規範や慣習ができていきます。法律をつくっただけではダメで、社会に実装していくことが、大切です。

――たとえばどういうことですか。

こんな事例がありました。発達障害のある人が、職業訓練校に入る面接を受けたところ、落ちてしまった。理由は、面接で目を合わさなかった、服装が適していなかった、自家用車で来た、などでした。差別を受けたことへの損害賠償を求めた裁判でしたが、結果は発達障害の人の勝訴でした。

この事例を読み解くカギは、「事柄の本質を見る」ということです。たとえば職業訓練校の本質は「学ぶこと」です。学ぶために服装は重要かどうかを考える、ということです。職場での合理的配慮を考えるときにも、この「事柄の本質」が重要な意味を持ちます。

会議をするときに、対面で会うことは本質か、その仕事をする上で、固定時間制は本質か、ということです。

「何が本質か」を見極める力を

――確かに日々働く中で、その点をあまり意識することはありません。

米国には「エッセンシャル・ファンクションズ・オブ・ジョブ（職務の本質）」という言葉があります。本質とは、変えてしまうとそのものではなくなってしまう、変えることができない部分です。本質をきちんと押さえていれば、その周辺にある本質でない部分は合理的配慮の対象になり、変更できます。

何が職務の本質か、何が周辺部分なのかをしっかり区別できる企業が、これからは求められると思います。

――本質を見極められれば、みんなが働きやすい社会になりますね。

その通りです。外国籍の人や育児中の人、病気になった人なども不利益を受けにくくなります。

マイノリティーこそが社会の質を上げるのです。何が本質かを考えていくと、思った以上に本質ではない部分へのこだわりが隠れていたりします。そこを変更・調整していけば、誰にとっても生きやすくなりますよね。

障害のある人への合理的配慮を突破口に、無駄なルールや慣習を見直す、という発想が必要だと思います。

かわしま・さとし　放送大学教授。専門は障害法。東京大学大学院経済学研究科特任研究員、岡山理科大学経営学部教授などを経て、2023年から現職。共著に『合理的配慮　対話を開く、対話が拓く』（有斐閣）などがある。

2　会社はどうすればよいか

最後に、発達障害の人から合理的配慮の申し出があったとき、企業はどう対応すればよいのかを考える。

先述の通り、法律は、働いている人が採用後に合理的配慮を求めた場合も、雇用主は可能な範囲で配慮することを義務づけている。こうしたときにポイントになるのは、コミュニケーションを密にとること、成長を長い目で見ること、なぜできないのかを一緒に考えること、だと専門家は指摘する。

公的サポートもある。厚生労働省は2017年から、発達障害の人と一緒に働く人らを対象に、各地の労働局やハローワークで「精神・発達障害者しごとサポーター養成講座」

を開いている。企業への出前講座も随時実施していて、障害の特性や接し方のポイントなどを無料で学ぶことができる。

Interview

企業成長のチャンスに

――大野順平さん（Kaien法人担当ディレクター）

「発達障害なので、働くときに配慮をお願いしたい」――。従業員にそう告げられたとき、会社はどう対応したらよいのでしょう。障害がある人への合理的配慮は、障害者雇用促進法で雇い主に義務づけられていますが、戸惑う企業も少なくないといいます。発達障害の人の就労を支援する企業「Kaien」法人担当ディレクターの大野順平さんは、「これをチャンスと捉えて欲しい」と言います。

困りごとは非常に多様

――発達障害の人への配慮をめぐる企業からの問い合わせは、たくさんありますか。

どう対応したらよいのか、という問題意識を抱いている企業は多いと感じています。障害者雇用枠で雇い入れる場合のほか、一般枠で採用した後に障害がわかって申し出があったときにどうするか、という問い合わせも多いです。

身体に障害のある方への物理的な配慮と異なり、発達障害の方の求めている配慮や困りごとは非常に多様です。企業に限らず私たちも、試行錯誤しながら参照事例をつくっている最中です（200～201ページに参照事例）。

困りごとを伝えるのが苦手な人も
――発達障害ならではの難しさとは。

法律が定める合理的配慮は、「本人が主体的に意思を表明し、どう対処して欲しいのかを、自分から企業に提案していく」ことを前提にしています。

一方で、発達障害の人は特性上、何をどう困っているのかを言語化したり、解決手段をうまく示したりすることが苦手な方も多くいます。

また、発達障害が生まれながらの特性であるという、発達障害そのものへの理解が企業の側に浸透していない実態もあり、どうしても誤解されてしまいがちです。

――たとえばどんなことですか。

光や音に敏感な「感覚過敏」という特性がありますが、周囲の音が気になるので席の配置を変えて欲しいと申し出ても、わがままと受け取られてしまうことがあります。

また、ものごとの緩急を付けることが苦手で、常に全力疾走してしまう人も多くいます。疲れやすいので、1日8時間、連続して勤務することが難しい。「易疲労性（いひろうせい）」といいますが、そういう特性のある人が休憩を申し出たときに、頻度が多いと「さぼっている」と受け止められることもあります。

大野順平さん（Kaien法人担当ディレクター）。写真＝本人提供

――こうした状況の場合、どんなアドバイスをするのですか。

企業にコンサルティングするときには、感覚過敏なら、まずは出入り口から遠い隅の席など、席の配置を検討していただきます。また、机にパーティション（仕切り板）を置くことも、視野が遮られるので効果的です。

疲れやすい方の場合、すぐに短時間勤務に切り替えるのではなく、上限を決めて勤務時間中に横になることを認めたり、思い切って在宅勤務に切り替えたりすることなどを提案しています。

――研修もしているそうですね。

当事者が配属される職場に対して、発達障害についての一般的な知識や、その方の特徴について伝えるなど、受け入れる前にレクチャーを行うこともあります。

職場の側が、発達障害の特性の多様さについて理解を深めていくこと、そして、話しやすい環境を作ることが大切だと思います。

採用後にわかるのは「後出し」？

――採用前は本人も障害に気づいていなかったり、気づいていても開示する必要性を感じていなかったりして、採用後に障害がわかるケースもあります。企業と当事者がうまく歩み寄るにはどうしたらよいのでしょう。

残念ながら、障害を「後出しされた」「聞いていた話と違う」という受け止めになってしまうケースもあります。背景には、「障害者雇用ではないのに、配慮を求めるのはわがままだ」といった、スティグマのようなものがあるように感じています。

かつて日本における障害者雇用は、福祉的な意味合いが色濃いものでした。でも今は、障害者への配慮というよりは、働いて活躍するために支障となっていることに着目しましょう、課題を解決して対等な戦力として活躍してもらいましょうと、よりフラットな目線に変わってきています。

企業には、発達障害を「障害」の視点から捉えるのではなく、「個性」の視点から捉えていただきたいですね。その人がどうしたら力を発揮しうるかを一緒に考える、マネジメントの延長線上で考えてもらえるといいなと思います。

――具体的には?

たとえば、障害の有無にかかわらず、入社後にすべての社員に対して、アコモデーション(配慮)の面談をおこなっている企業があります。上司とのコミュニケーションは対面がよいか、チャット中心がよいかなど、発達障害だけでなく、介護や子育て、持病など、生活面も含めた状況を聞き取るそうです。

これは多様な人たちが力を発揮しやすくなり、会社が活性化していく手段だと思います。

このように、一人一人が働きやすい環境を整えることの延長線上で、発達障害についても一緒に捉えていくといいのではないかと思います。

「できない」と責めず、一緒に考える
——合理的配慮を提供するとき、職場や上司の負担はどれくらい増えるのでしょう。

上司の方には、一対一の面談やコミュニケーションの時間を多めにとっていただくことに加え、成長を長い目で見ていただくことをお願いしています。

「なぜできないのか」と叱責するのではなく、なぜうまくいかないのかを「一緒に考える」という姿勢です。

上司は作業を指示し、結果を確認することが多いですが、発達障害の人たちはその「行間」の部分が苦手なことが多いのです。業務を把握して、やることをリスト化し、優先順位をつけて、作業をする。これらを自分でできるようになるまでには時間がかかりますの

で、伴走し、コミュニケーションを増やすことが大切です。

一時的に上司側の負担は増えるかもしれませんが、不調が出て休職してしまうよりもずっと、ポジティブなスパイラルが回りやすくなると思います。

本人から発達障害の申し出があったら、企業は「仕事のパフォーマンスを上げるチャンスだ」と捉えるといいのではないかと思います。

おおの・じゅんぺい　人材ビジネス業界で法人営業・キャリアコーディネーターを約10年経験した後、２０１４年に発達障害の人の就労を支援する株式会社Kaienに入社。２０２２年から法人サービス事業ゼネラルマネージャー。これまで20社以上の雇用促進プロジェクトに携わる。

Column

発達障害の特性に対する合理的配慮の対応事例

「感覚過敏があり、同僚の話し声などが気になって業務に集中するのが困難です」

- 席の配置を検討する。できる限りフロアの隅の方の席を確保する。
- 人の動きが気になる場合は、壁に向かって業務を行ったり、机にパーティションを置いたりする。
- 使わない電話は卓上から取り外す。

「口頭で指示を受け取るのが苦手です（忘れてしまいます）」

- 努力不足や不真面目ではなく、脳の「短期記憶」に困難がある状態。手書きのメモを添える、チャットツールを併用するなど、記録が残る媒体でコミュニケーションする。

「働きたい気持ちはありますが、疲れやすく体力が持ちません」

- 安易に短時間勤務に切り替えるのではなく、上限を決めて業務時間中に横になって休むことを許可する、などを検討する。
- 在宅勤務への切り替えも選択肢に入れる。

「先の見通しがつかない状況が苦手です。臨機応変な対応が困難で、突発的な状況にパニックになりやすいです」

- 臨機応変な対応が求められる仕事よりは、マニュアルに基づいて正確な作業が求められる仕事などを任せる。
- 業務指導のときは、業務の全体像を伝え、その中での位置づけを伝えると理解が早くミスが少なくなる。

（Kaienの資料をもとに作成）

Special Interview

発達障害が強み　ニトリ会長の「お、ねだん以上。」な話

――似鳥昭雄さん（ニトリホールディングス会長）

「お、ねだん以上。」で知られるニトリホールディングス会長の似鳥昭雄さん（77）は、小学4年生になっても自分の名前を漢字で書けなかったといいます。営業も接客も整理整頓も全部苦手。それでも、一代で売上高7千億円（※2023年3月時点、約9500億円）の企業を築き上げました。実は3年ほど前、発達障害だということが分かったといいます。苦手を抱えながら、なぜ成功できたのでしょうか。

――東証1部上場企業の会長が、発達障害だとは知りませんでした。

注意力が散漫なんです。今でもそうですけどね。人の言っていることをずっと聞けない

んですよ。違うことを考えちゃうとかね。

整理整頓もできなくて、机の上は書類だらけ。家は脱いだ服やら、何やらかにやらがそのへんにボンボン投げてあります。なくし物も多くて、身につけるありとあらゆる物をなくします。財布、カード、傘……。子どもを忘れてきたこともあったしね。

カバンを紛失、財布も忘れて……

――カバンに全部詰め込んで持ち歩いたりはしないのですか。

カバンもいくつか持ったんだけどね、カバンそのものを忘れてきちゃうので、どうしようもなくて。

だからもう、ポケットに入れるしかないんです。指定位置を決めていて、胸ポケットには名刺入れとメモパッド、ズボンの右ポケットは血糖値の測定器、左ポケットは常備薬、後ろの左右のポケットにはそれぞれ財布とスマホ。財布は、ほら（びよ～んと伸びるひもでズボンにくくりつけている）。これでも忘れてしまって、引きずって歩いていることもあります。

――スケジュール管理はどうされているのですか。

最近はこれです（A3用紙の両面に、6カ月先までの予定をびっしりと書き込んだものを、六つ折りにして背広の胸ポケットへ）。秘書が毎週、更新してくれる。アイデアは、スマホに音声で吹き込んでおく。何を入れたか、忘れちゃうんですけどね。

――発達障害だとわかったきっかけは？

3年ぐらい前なんですよ。テレビを見ていたら、発達障害の特徴や種類を紹介していて、ああ、そっくりだなと思ったんです。それで、専門の医師に診てもらって、自分でも本や文献を調べて、私は正真正銘の発達障害、ADHDなんだということがわかってね。

――ショックを受けませんでしたか。

ホッとしました。ああそうか～、とね。周りからは変わった人だと言われているんですよね。家内からも「あなたは誰でもやれるようなことはやれないで、誰もやらないことがやれる」と。

障害のおかげで、人が考えつかないようなことを考えるんだなと。「発達障害に生まれてよかったな」と思います。

――たとえばどんなことを思いつくのでしょう。

創業間もないころ、安く売るために問屋を通さずにメーカーから直接仕入れようと考えたんですが、小売りがそんなことをするなんて、当時は誰もやっていなかった。安い費用で店をつくるためにエアドームの店をつくったり、家具専用の自動倉庫をつくったりしたのも、うちが日本で最初でしたね。

似鳥昭雄さん（ニトリホールディングス会長）

人と違う……不安だった子ども時代

――小さいころから、プラスの面ばかりだったのですか。

他の人と違うな、ということは、子どもの時から思っていました。先生の言っていることも1分も聞けない。理解できない。で、漢字もね、書けなくて。小学4年生になっても自分の名前をひらがなで書いていました。

落ち着きがなくて、クラスではいじめられたり、馬鹿にされたりしていました。成績はいつもビリ。高校も全部落ちて、母親が手掛けていた闇米を校長先生に1俵届けて、裏口から入りました。

――「発達障害に生まれてよかったな」ではなかったんですね。

すごく不安でしたよね。世の中に出ても勤めていけないんじゃないか、とよく言われて。どうしたらいいだろうということは、自分でも思っていましたね。

高校に入ってもやっぱり勉強はダメで。そのとき、「じゃあ、誰も思いつかないカンニングの方法を考えよう」と。それで、台紙に輪ゴムをつけて袖の中に隠れるようにして……。試験の前の日に、顕微鏡で見なきゃわからないような小さな字で教科書を書き写したのを、蛇腹に折ってそこに貼るんです。それでギリギリ、落第せずに卒業できました。

――カンニングの是非はともかく、アイデアで勝負したのですね。

そのころからね、人のやらないことをやろうと考えていたね。松下幸之助とか、エジソンとかに触発されて、私も何か考えようと。こんなのがあったら、不便なのが便利だなとね。自転車に雨よけのフードをつけたらとか、いろんなアイデアを考えて、図面を描いたりしていました。

仕事を転々「自分でやるしかない」

――広告会社では、営業マンでした。

大学を出てから、父親の会社に一度入社し、その後、住み込みで働ける広告会社の営業の仕事に就いたんですが、対人恐怖症で話すのが苦手で。1年間で1件も仕事がとれなくてクビになりました。

そのあと、土木の仕事を半年くらいやったけれど、現場が火事になっておしまいに。サラリーマンもダメだし、土木の仕事もダメだし、で、自分でやるしかないなと思って、家具屋をはじめたんです。23歳の時です。だけど毎月40万円しか売り上げがとれなくて。いよいよ倒産という時にお見合いをして、8人目でようやく結婚。家内が来てから売り上げが2倍の80万円になって、1日2度の食事ができるようになりました。家内は僕の第一の恩人です。

人生の目標に出会った27歳

――今のニトリへと変わるきっかけがあったのですか？

27歳のとき、２５０坪の広さの2号店の近くに、５倍ほど大きな競合店ができて倒産しそうになったんです。そのときに、アメリカの家具研修っていうのに行って、人生観が変わりました。家具が日本の価格の３分の1ですからね。値段を半分にすれば、ソファもベッドも、日本でも誰でも買えるようになると。一生かけて日本の暮らしを豊かにしたいと思いました。それで、「30年で１００店舗、売り上げ1千億円」という30年計画をたてました。

でも、日本の暮らしを変えるなんて、理想的に言っても無理だよなと、初めのうちはなかなか人に言えませんでしたけどね。30代になってだんだん確信がもてるようになって、これで行けると思えるようになったのは、35歳くらいです。

好きなことは集中できた

――決断力や統率力が求められる経営の仕事はつらくなかったですか。

それがね、好きなことは集中できるんですよ。ビジネスの場合は、食べていかないといけないから。好き嫌いよりも、やっていくうちに好きになっちゃったね。

特に商品開発。自分で考えたものが、何万人、何百万人の人に買ってもらったら、楽しいでしょう。

お客さんの数と店舗数は、お客さんが喜んでくれているかのバロメーターです。店舗数が増えて、バイイングパワーが上がって、商品を安くしたり、品質がよくなったり、自分のところでデザインしたものがつくれると、楽しくなってくるよね。

長所があれば、短所は隠れる

――自分の得意なことを知るいい方法は？

それはね、自分で見つけることなんですよね。私も自分で見つけましたから。いろんなことをやって、何が得意かを自分で見つけなさいと。人間ね、自分はダメだろうと思っても一つくらい何かね、これ、いけそうだなというのがあるはずなんですよ。それを早く見つけること。

早く長所が見つかると、短所が隠れちゃうんだよね。僕なんかそうだよね、100のうち一つしか長所がないんだけど、あとのいろんな短所はね、まあ仕方が無いかと、1年やってここまで成功しているからいいか、ということになるんですよ。だから、その一つを見つければいいんです。

――自分で自分の長所を見つけることも難しいです。

会社に入ってきても、だいたい本人は全然わかっていないから。上司はチャンスを与える、やらせてみる。「あなたこれ、向いているんじゃない」「これ、やってみたら」ということを言ってあげなきゃいけない。

短所を見る上司はダメですよね。人の欠点ばっかりみて叱るというのは一番最悪の上司なんですよ。短所はもう仕方が無い、なおらないしね。その人の良いところをみつけて、伸ばしてあげるのが上司です。

親もそうです。小さな頃から、子どもの向いているものを探し出して「これ、やってみたら」と言ってあげることが大事。

苦手があっても「3年は我慢を」

――ニトリにも、発達障害の傾向があったり、苦手なことを抱えたりする社員もいるのでは。

いますよ。作業が嫌だとか、人と接客するのが嫌だとか。それで辞める人もいます。でもやっぱりね、ある程度は我慢しなきゃいけないんですよ。ろくに何も経験しないで嫌だ嫌だって、そういうのはダメだと。3年たってから言いなさいってね。

それと、全部数値化すること。ただなんとなくやったんじゃ面白くないですよ。すべて数字で確認しないと。数字が入らない会話は仕事でなくて遊びです。

――数字が入ると、やるべきことが明確になると。

そうですね。今はもう、スマホでぱっとやるとね、店にあるものが先週は何個売れたとか、在庫はなんぼあるとか、わかるんですよ。売れていない商品があれば、それをなくしたり、早く売ってやめたりとかね。売れるものは品切れしないように、もっと売り場を広くするとか、良い場所に置くとか、あるじゃないですか。

やっぱり進歩、発展、変化していかないと。ヘビは脱皮を繰り返すでしょ。チョウチョも、さなぎから脱皮してきれいなチョウチョになる。人間にとっては、何を変えて、どう変化して、数字がどう変わったかということが脱皮の証拠なんですよ。だから、1年間52週、毎週脱皮しなさいと言っています。

苦しくても、前へ進もう

――似鳥さんが「脱皮」し続けられたのはなぜですか。

夢（ロマン）と、未来の計画（ビジョン）があったから。それをやるためにどうするかっていうことを、四六時中考えたことがよかったと思うんですよね。

大きな壁にぶつかることは苦しいですけど、そこを突破すると、何倍か開けるというのかな。でまた、次から次に難問がくる。それを打ち破るたびに、なんか成長したような気がしますよね。それが今現在、ここまで大きくなった要因かなと思います。

ただ、人生観が変わらなきゃダメだと思うんです。人生観を変えられるのは、100人に1人くらいかな。大病をして死ぬかもしれないとか、無実で刑務所に入れられるとか……。僕は商売で何度もつぶされそうになって、アメリカを見て、それが動機になった。人生観を変えるには、自分の身をすごい逆境に置くこと。楽なところに身を置かないでね。

——苦しくても前へ進みなさいと。

そう、行動していることが大事だから。

（2021年7月5日配信）

にとり・あきお　株式会社ニトリホールディングス会長。1944年、樺太生まれ。1967年に似鳥家具店を札幌で創業、72年に株式会社を設立し、1986年に社名を株式会社ニトリに変更。2023年3月現在、36期連続の増収増益を達成中。

あとがき

この本が生まれるきっかけとなった出来事は、2021年夏にさかのぼります。巻末に収載した「発達障害が強み　ニトリ会長の『お、ねだん以上。』な話」という記事を朝日新聞デジタルで配信したところ、すさまじい反響があったのです。

なぜこんなに読者の関心が高いのか。筆者の鈴木彩子記者と、あーでもない、こーでもないと意見を交わしました。誰もが知る企業の会長が……という意外性もありますが、届いたお便りを読むと、どうやらそれだけではなさそうです。

仕事がうまくいかず悩んでいる人が多いから？　子どもの将来を案じる親の参考になったから？　日常生活を乗り切る具体的な解決法が書いてあるから？　その仮説を一つひとつ確かめるかのように、「発達障害」を切り口にした企画が次々と生まれました。

ただ当初は私たちも、こんなに息の長い企画になるとは想像していませんでした。それが可能となったのは、記事を読んだ読者の方が毎回、ご自身の体験や、悩みをつづって寄せてくれたからです。「こんな困り事があるんだ」「家族はこういうことに悩んでいるのか」。これまであまり表には出てこなかった話ばかりで、取材のテーマ選びは毎回、ここからスタートしました。

当初の企画は、当事者が困っている実態を描くことに主眼が置かれました。しかし回を重ねるに連れ、「ではその困り事を解決するにはどうすればいいのか」という点に目が向くようになりました。そして、さまざまな解決策を通じて、生きづらさを解消しようとしている当事者の方に話を聞くうちに、「なぜ当事者だけに変化を求めるのか」「変わらなければならないのは、社会の側ではないのか」と、取材チームの意識も変わっていきました。

その思いが結実したのが、「発達障害は『わがまま』？　働く場の合理的配慮」という連載です。まだ訴訟が継続中（2023年9月現在）ということで、当事者の方の話は本書に収載できませんでしたが、職場で発達障害であることを伝えた社員が会社を解雇された事例から、社会のあり方を問うています。ご興味がある方は、ぜひデジタル版もぜひ読んでみてください（https://www.asahi.com/rensai/list.html?id=1849）。

そして私たちが大きな影響を受けたのは、発達障害であることを公表していた同僚の存在でした。原稿に対し、当事者の立場からアドバイスをくれていた同僚は昨年、より自分に合った働き方ができる職場を求め、転職しました。

「『多数派こそが正しい』『すべての人が健常でいることを目指すべきだ』という同調圧力にはすさまじいものがあって、どれだけ私たちが自分で自分を肯定しようとしても、社会や会社が無意識に潰しにかかってくることがすごく多い」

同僚はかつて、こう語っていました。私自身、同僚の特性について理解していたつもりでしたが、実際は戸惑う場面も多くありました。発達障害の人への無意識の偏見（アンコンシャス・バイアス）がぬぐえなかったのではないか、同僚が辞めずに済む方法はなかったのかと、今もふと考えます。

本書は、キャップとして企画を牽引してきた鈴木記者、共に粘り強く取材を重ねてきた熊井洋美記者、難しい取材に果敢に挑んだ米田悠一郎記者がいなければ、生まれませんでした。朝日新聞アピタルの連載「上手に悩むとラクになる」の筆者、臨床心理士の中島美鈴さんには、知恵袋としてお世話になりました。朝日新聞出版の大﨑俊明さんには、これまで散発的に出してきた記事を1冊の本にまとめる機会を頂き、大変感謝いたしております。

私たちはつい、自分が「ふつう」で、それ以外の考え方や行動をする人を「変」だと思いがちです。でも実際は、ふつうの人なんて存在しない。環境次第で、その特性は「強み」にもなれば、「障害」にもなります。

「発達『障害』でなくなる日」を目指すために、私たちにできること。それは、取材を重ねていく中で、まだ世の中で可視化されていない問題を伝えることだと思っています。本書をお読みになり、感想やご意見などがございましたら、ぜひiryo-k@asahi.comまでお寄せください。

朝日新聞くらし報道部次長　岡崎明子

■取材班

鈴木彩子 すずき・あやこ

2003年、朝日新聞入社。高松、静岡を経て08年から東京科学グループ（当時）。10年から医療分野の取材を担当。科学医療部、特別報道部などを経て、21年4月からくらし報道部。

熊井洋美 くまい・ひろみ

2002年、朝日新聞入社。高知、前橋、生活グループなどを経て09年から医療グループ、科学医療部で医療取材を担当。北海道、千葉での勤務をはさんで20年4月から23年8月までくらし報道部。

米田悠一郎 よねだ・ゆういちろう

2018年、朝日新聞入社。さいたま、長崎を経て22年4月からくらし報道部。

岡崎明子 おかざき・あきこ

1993年、朝日新聞入社。広島、長野を経てくらし編集部、科学部（当時）などで医療問題を担当。GLOBE編集部、オピニオン編集部次長などを経て、20年4月からくらし報道部次長、朝日新聞アピタル編集長。

朝日新書
931

発達「障害」でなくなる日

2023年11月30日第1刷発行

著　者　朝日新聞取材班

発行者　宇都宮健太朗
カバーデザイン　アンスガー・フォルマー　田嶋佳子
印刷所　TOPPAN株式会社
発行所　朝日新聞出版
〒104-8011　東京都中央区築地5-3-2
電話　03-5541-8832（編集）
　　　03-5540-7793（販売）

Published in Japan by Asahi Shimbun Publications Inc.
ISBN 978-4-02-295241-7
定価はカバーに表示してあります。

落丁・乱丁の場合は弊社業務部(電話03-5540-7800)へご連絡ください。
送料弊社負担にてお取り替えいたします。

朝日新書

訂正する力

東　浩紀

日本にいま必要なのは「訂正する力」です。保守とリベラルの対話にも、成熟した国のありかたや老いを肯定するためにも、さらにはビジネスにおける組織論、日本の思想や歴史理解にも役立つ、隠れた力を解き明かします。デビュー30周年の決定版。

日本三大幕府を解剖する
鎌倉・室町・江戸幕府の特色と内幕

河合　敦

三大武家政権の誕生から崩壊までを徹底解説！　源頼朝・足利尊氏・徳川家康は、いかにして天皇権力と対峙し、幕府体制を確立させたのか？　歴史時代小説読者&大河ドラマファン、必読！　1冊で三大幕府がマスターできる、画期的な歴史新書!!

安倍晋三vs.日刊ゲンダイ
「強権政治」との10年戦争

小塚かおる

創刊以来「権力に媚びない」姿勢を貫いているというこの夕刊紙は、「安保法制」「モリ・カケ・桜」など第2次安倍政権の「大罪」に、どう立ち向かったか。同紙の第一編集局長が戦いの軌跡を公開し、徹底検証する。これが「歴史法廷」の最終報告書！

食料危機の未来年表
そして日本人が飢える日

高橋五郎

日本は食料自給率18%の「隠れ飢餓国」だった！　有事における穀物支配国の動向やサプライチェーンの分断、先進国の食料争奪戦など、日本の食料安全保障は深刻な危機に直面している。世界182か国の食料自給率を同一基準で算出し世界初公開。

脳を活かすスマホ術
スタンフォード哲学博士が教える知的活用法

星　友啓

スマホをどのように使えば脳に良いのか。〈インプット〉〈エンゲージメント〉〈ウェルビーイング〉〈モチベーション〉というスマホの4大長所を、ポジティブに活用するメソッドを紹介。アメリカの最新研究に基づく「脳のゴールデンタイム」をつくるスマホ術！

朝日新書

発達「障害」でなくなる日

朝日新聞取材班

こだわりが強い、コミュニケーションが苦手といった発達障害の特性は本当に「障害」なのか。学校や会社、人間関係などに困難を感じる人々の事例を通し、当事者の生きづらさが消える新しい捉え方、接し方を探る。「朝日新聞」大反響連載を書籍化。

藤原氏の1300年
超名門一族で読み解く日本史

京谷一樹

摂関政治によって栄華を極めた藤原氏は、一族の「ブランド」を最大限に生かし続け、武士の世も、激動の近現代も生き抜いた。大化の改新の中臣鎌足から昭和の内閣総理大臣・近衛文麿までの90人を取り上げ、名門一族の華麗なる物語をひもとく。

台湾有事　日本の選択

田岡俊次

台湾有事――本当の危機が迫っている。米中対立のリアル、思考停止する日本政府の実態、日本がこうむる人的・経済的損害の実相。選択を間違えたら日本は壊滅する。安保政策が歴史的大転換を遂げた今、老練の軍事ジャーナリストによる渾身の警告！

どろどろの聖人伝

清涼院流水

サンタクロースってどんな人だったの？　12使徒の生涯とは？　キリスト教の聖人は、意外にも2000人以上存在します。そのなかから、有名な聖人を取り上げ、その物語をご紹介。聖人伝を通して、日本とは異なる文化を楽しんでいただけることでしょう。

一億三千万人のための『歎異抄』

高橋源一郎

戦乱と飢饉の中世、弟子の唯円が聞き取った親鸞の『歎異抄』。救い、悪、他力の教えに、西田幾多郎、司馬遼太郎、梅原猛、吉本隆明は魅了され、著者も10年近く読みこんだ。『歎異抄』は親鸞の『君たちはどう生きるか』なのだ。今の言葉で伝えるみごとな翻訳。